建築物の振動に関する
居住性能評価規準・同解説

Standard for the Evaluation of
Habitability to Building Vibration

2018

日本建築学会

本書のご利用にあたって

本書は，作成時点での最新の学術的知見をもとに，技術者の判断に資する技術の考え方や可能性を示したものであり，法令等の補完や根拠を示すものではありません．また，本書の数値は推奨値であり，それを満足しないことがただちに建築物の安全性，健康性，快適性，省エネルギー性，省資源・リサイクル性，環境適合性，福祉性を脅かすものでもありません．ご利用に際しては，本書が最新版であることをご確認ください．本会は，本書に起因する損害に対しては一切の責任を有しません．

ご案内

本書の著作権・出版権は(一社)日本建築学会にあります．本書より著書・論文等への引用・転載にあたっては必ず本会の許諾を得てください．

Ⓡ〈学術著作権協会委託出版物〉

本書の無断複写は，著作権法上での例外を除き禁じられています．本書を複写される場合は，学術著作権協会（03-3475-5618）の許諾を受けてください．

一般社団法人　日本建築学会

序

　本会の「建築物の振動に関する居住性能評価指針・同解説」は，居住性の観点から日常的に発生する振動を評価するためのわが国初の指針として，1991 年に第 1 版が刊行された．以来，設計段階における目標性能の設定や，振動測定結果の評価などに幅広く活用され，建築物の居住性向上に少なからず貢献してきた．第 1 版の内容は、歩行をはじめとする人間の動作や設備機器などにより発生する鉛直方向の床振動と，主に強風時に発生する建築物の水平方向の振動を対象に，それぞれについて横軸振動数，縦軸振幅からなる振動数・振幅平面上に評価曲線を規定したもので，各評価曲線は，主に正弦振動を対象に人間の感覚，評価と振動数，振幅との関係を検討した人間工学，機械工学あるいは音響工学分野での研究成果を，建築環境工学の視点から再評価し総括的に複合したものであった．2004 年に刊行された第 2 版では，道路，鉄道など交通機関により発生する鉛直および水平方向の振動が新たに対象に加わった．また，人間の動作や交通などにより発生する，複数の振動数成分が複合され，かつ振幅の時間変化を伴う振動から，評価曲線と照合する振動数，振幅を抽出する方法も，明確に規定された．一方で，第 1 版では規定されていた「ランク I ：より望ましいレベル」，「ランク II ：一般的なよりどころ」，「ランク III ：最低限守るべきレベル」などの性能評価区分がなくなり，知覚確率のみとなったため，性能設計の理想に近づきはしたものの，設計者は目標性能設定の際の拠り所を失うこととなった．

　以上に述べたこれまでの経緯や反省点を踏まえ，さらに前回改定後の環境振動を取り巻く状況の変化や今後の展開なども考慮したうえで，本会の環境工学委員会環境振動運営委員会では，以下の基本方針にしたがって，2004 年以来 2 度目の改定を実施することとした．なお，改定作業中の議論で，今回の改定では，後述のとおり設計的要素が切り離され，振動とそれに対する居住者の評価との関係に内容が特化されることから，「指針」ではなく「規準」の方が相応しいという意見が多く出され，名称を「建築物の振動に関する居住性能評価規準・同解説」に変更することになった．

　建築物に発生する振動は，その振動源により，卓越する振動方向や振動数範囲あるいは波形などが，ある程度限定される．そのため，環境振動の分野では，従来より，正弦振動を用いて得られた評価曲線を適用するにあたり，振動源ごとに独自のノウハウが蓄積されてきた．この振動源ごとの枠組みは，上述のとおり，第 1 版から第 2 版でも踏襲されている．ところが，近年，都市の高密度化や生活パターンの多様化などの影響で，複数の振動源と居住空間が空間的にも時間的にも近接し，性状の異なる振動が複合されて居住空間に同時に入り込む事例が増加してきた．このような振動を適切に評価するためには，従来の振動源ごとの体系では限界がある．以上のような背景から，今回の改定では，種々の振動源により発生するさまざまな性状の振動に共通に適用できる，汎用性の高い規準を指向することとした．なお，本規準では，日常的ではないものの，地震による振動のうち，高層建築物などにおいて，地震発生後比較的長い時間継続する水平方向の長周期振動も居住性の観点から重要な問題と捉え，対象に含めることとした．

　汎用性の高い規準を具現するための具体的な方策の一つとして，評価規準と設計指針を分離することとした．これまでの指針では，「評価指針」と謳いながらも，加振力や応答測定点の設定方法など，本来設計者が決めるべき要素が多分に盛り込まれていた．また，このように設計的要素が規定されることにより，対象とする振動の性状が限定され，振動源

ごとに蓄積されたノウハウが適用されている側面があった．今回の改定では，対象とする振動の限定にもつながりかねない設計的要素を設計指針として切り離し，設計の過程で必要となる，振動とそれに対する居住者の評価との関係を表す指標のみを評価規準として独立させることとした．したがって，本規準は，別途策定作業が進められている設計指針の一部として，その中核に組み込まれるものとなる．もちろん，設計時以外にも，確認計測や実在環境の評価など，振動の評価が必要となるさまざまな場面において，汎用的な評価指標として単独でも活用可能である．

もう一つの具体的方策として，振動とそれに対する居住者の評価との関係を見直すこととした．設計的要素を切り離したうえで，今一度原点に戻り，両者の関係を根本から見直して普遍性のある内容に少しでも迫ることにより，適用範囲が広くかつ発展性に富んだ規準の実現が期待できる．見直しの主なターゲットは，振動数，振幅あるいはその両方の時間的変動が比較的大きい振動とした．本規準では，このような振動を「非定常的な振動」と定義し，これに対して，振動数および振幅の時間的変動が比較的小さい振動を「定常的な振動」と定義した．非定常的な振動は，定常的な振動のように振動数と振幅だけでは評価できないのは明らかである．今回の改定では，非定常的な振動と居住者の評価との関係に関する国内外の研究成果を参考に，新たなパラメータとして振動の「継続時間」を導入することにより，人間が振動を感じ評価するメカニズムを考慮した規準を制定することとした．また，その妥当性は，複数の研究者による別個の研究成果とそれぞれ整合性を確認することにより検証した．なお，設計時における継続時間の推定方法などに関しては，設計指針で具体例を提示する予定である．

加えて，今回の改定では，評価の観点が知覚確率のみであった第 2 版に対し，「どの程度気になるか」，「どの程度不快か」あるいは「どの程度不安を感じるか」といった，居住性の程度が具体的に把握できる規準を制定することとした．もちろん，振動に対する居住者の評価には個人差があるので，例えば「やや不快である」などといったある一つの評価レベルと対応する振動は，本来一律に定まるものではなく，確率的なばらつきを考慮して把握されるべきものである．しかし，「○○％の人がやや不快に感じる」などといった表現は，使用者への説明には適さないという意見が多くの設計者から寄せられたことから，本規準ではばらつきがあることを前提としたうえで，平均的な評価を示すこととした．なお，「より望ましい」，「一般的」あるいは「最低限」などといった「性能ランク」は，本会としてどの程度踏み込んだ表現とするかも含めて，設計指針で検討する予定である．

最後に，本規準は，これまでの指針の経緯や最新の学術研究成果，実務者や研究者から寄せられたさまざまな意見および実用性や将来の発展性などを総合的に勘案し，現時点で最善と思われる最大公約数的な内容を採用したものであり，今後のデータの集積や関連する研究の進展に応じて適宜アップデートすべきものであることは，あらためて言うまでもない．加えて，振動に対する居住者の評価は，社会的要因などにより時代とともに変化していくことも，忘れてはならない．まずは，本規準を実務，研究を問わず居住性能評価のさまざまな場面で活用していただくことにより，より良い規準に発展させていくための有効な知見が多数蓄積されていくことを期待している．

2018 年 11 月

日本建築学会

Preface

The first edition of "Guidelines for the evaluation of habitability to building vibration" was compiled by the Architectural Institute of Japan, AIJ, in 1991, as the nation's first guidelines to evaluate building vibration occurring on a daily basis with respect to habitability. The first edition provided evaluation guidelines for vertical floor vibrations caused by human activities, such as walking, and horizontal vibrations in high-rise buildings mainly induced by strong winds. The classification for performance evaluation was defined in terms of the frequency and amplitude of vibration based on the understanding of human responses to continuous sinusoidal vibrations. In the second edition of the guidelines, substantially revised in 2004, building vibrations caused by traffic, such as road traffic and railways, were included in the targets of evaluation. A method to determine frequency and amplitude to represent the vibration to be evaluated was defined for vibrations having multiple frequency components and temporal changes in magnitude. In the second edition, the probability of vibration perception was provided as an evaluation index instead of the classification for performance evaluation used in the first edition. Although this change was consistent with the concept of performance-based design, difficulties were found in the determination of the target performance level in practice.

The Managing Committee on Environmental Vibration of AIJ started work on the revision of the guidelines on the basis of past development and the problems described above, the changes in circumstances surrounding environmental vibration, and possible future development. In the revision process, it was decided to establish a "standard" instead of "guidelines" because the revised document focuses on the relationship between vibration and its evaluation by building occupants, and does not include items for practical design that were included in the previous guidelines. The policies set for the revision are described below.

The characteristics of vibrations in buildings, such as the dominant direction and frequency range and waveform, can fall within an anticipated range depending on the source of vibration. For the evaluation of vibration caused by different sources, specialized expertize was developed in order to apply the guidelines, which was based on the understanding of human responses to sinusoidal vibration, to the evaluation of vibration with specific characteristics. Therefore, the first and second editions of the guidelines set the framework of evaluation for each vibration source, as described above. However, there have been increases in situations in which vibrations with different characteristics are combined and transmitted to residential environments because various vibration sources and residential spaces have come closer to each other spatially and temporally due to, for example, the recent development of densified cities and diversified life patterns. Against that background, a versatile standard that can be applied commonly to vibrations caused by various sources with different characteristics has been sought in the revision. In addition, it has been decided to include in the targets of evaluation long-period horizontal vibrations that can last for a relatively long time in high-rise building after an earthquake, because it was considered important in terms of habitability, although it does not occur on a daily basis.

As a specific strategy to realize a versatile standard, it has been decided to establish an evaluation standard and design recommendations separately. The first and second editions of the guidelines included items used in design practice, such as the definition of design excitation force and the locations at which vibration response was to be predicted. Such definitions for design practice could limit the range of target vibrations that could be evaluated by the guidelines. This standard has been established to focus on indices that can represent the relationship between vibration and its evaluation by building occupants, so that the standard will be a core part of design recommendations that has been being formulated separately. This standard can be used independently in the evaluation of building vibration in various situations, such as the assessment of vibration in an existing environment.

The relationship between vibration and its evaluation by building occupants has been revised with the aim of establishing a universal relationship with the expectation of realizing a standard with a wide range of applications and high possibilities of future advancement. The main target of the revision has been the evaluation of vibrations with significant temporal changes in frequency and/or amplitude. This standard defines such vibrations as "non-stationary-like vibrations" and vibrations with minor changes in frequency and/or amplitude as "stationary-like vibrations." It is obvious that non-stationary-like vibrations cannot be evaluated by frequency and amplitude alone. This standard has defined a new parameter, "duration time," of vibration in order to represent the mechanisms of human perception and evaluation, based on findings from various domestic and international studies. The adequacy of the new parameter has been examined by investigating its consistency with outcomes from several studies by different researchers.

In addition, it has been decided to establish a standard that can evaluate the degree of habitability in terms of, for example, annoyance, discomfort and anxiety, contrary to the probability of vibration perception in the second edition. It is known that the evaluation of vibration by building occupants varies among individuals. Vibration conditions corresponding to, for example, an evaluation level of "slightly uncomfortable" cannot be determined deterministically, but should be determined in consideration of statistical variability. However, because there were many opinions from design engineers that an expression such as "**% of occupants feel slightly uncomfortable" was not suitable for communication with clients, it has been decided that this standard shall define average evaluations on the premise of individual variability. It should be noted that "performance rank," such as "preferable," "ordinary" or "minimum," will be sought in the establishment of design recommendations.

Finally, this standard has been established on a "one-size-fits-all" basis by considering comprehensively many factors, including the development of past guidelines, the findings of the most recent academic studies, various opinions from engineers and researchers, practical applicability, and future development. Thus, appropriate updates are required obviously in future when relevant field data and research outcomes will have been accumulated. Moreover, it should be noted that an evaluation by occupants can change in time due to, for example, social factors. It is expected that this standard will be applied to various situations in the evaluation of habitability for actual practices and studies and relevant knowledge will be accumulated for future improvement of the standard.

November 2018

Architectural Institute of Japan

日本建築学会環境基準（AIJES）について

　本委員会では，これまでに，日本建築学会環境基準（AIJES）として13点を発刊するに至っている．また，各分野において，規準等を整備すべく，検討・作成作業が進められてきた．

　AIJES はアカデミック・スタンダードと称し，学会が学術的見地から見た推奨基準を示すことを目的に，「基準」，「規準」，「仕様書」，「指針」のような形で公表されてきた．これらの英文表記は，「Academic Standards for～」としていたが，この「Academic Standards」には教育水準といった意味もあり，AIJES の目的とは異なる意味に解される場合もあり誤解を生ずる恐れがあるとの指摘も寄せられた．

　そこで，2010年度以降に発刊される AIJES については，英文表記を「Standard for～」等に変更することを決定した．また，既刊の AIJES については，改定版刊行時に英文表記を変更することとした．

2010年9月

日本建築学会　環境工学委員会

日本建築学会環境基準（AIJES）の発刊に際して

　本会では，各種の規準・標準仕様書の類がこれまで構造・材料施工分野においては数多く公表されてきた．環境工学分野での整備状況は十分ではないが，われわれが日常的に五感で体験する環境性能に関しては法的な最低基準ではない推奨基準が必要であるといえる．ユーザーが建物の環境性能レベルを把握したり，実務家がユーザーの要求する環境性能を実現したりする場合に利用されることを念頭において，新しい学術的成果や技術的展開を本会がアカデミック・スタンダードとして示すことは極めて重要である．おりしも，本会では，1998 年 12 月に学術委員会が「学会の規準・仕様書のあり方について」をまとめ，それを受けて 2001 年 5 月に「学会規準・仕様書のあり方検討委員会報告書（答申）」が公表された．これによれば，「日本建築学会は，現在直面している諸問題の解決に積極的に取り組み，建築界の健全な発展にさらに大きく貢献することを目的として，規準・標準仕様書類の作成と刊行を今後も継続して行う」として，本会における規準・標準仕様書等は，次の四つの役割，すなわち，実務を先導する役割，法的規制を支える役割，学術団体としての役割，中立団体としての役割，を持つべきことをうたっている．

　そこで，本委員会では，1999 年 1 月に開催された環境工学シンポジウム「これからの性能規定とアカデミック・スタンダード」を皮切りとして，委員会内に独自のアカデミック・スタンダードワーキンググループを設置するとともに，各小委員会において環境工学各分野の性能項目，性能基準，検証方法等の検討を行い，アカデミック・スタンダード作成についての作業を重ねてきた．

　このたび，委員各位の精力的かつ献身的な努力が実を結び，逐次発表を見るに至ったことは，本委員会としてたいへん喜ばしいことである．このアカデミック・スタンダードがひとつのステップとなって，今後ますます建築環境の改善，地球環境の保全が進むことへの期待は決して少なくないと確信している．

　本書の刊行にあたり，ご支援ご協力いただいた会員はじめ各方面の関係者の皆様に心から感謝するとともに，このアカデミック・スタンダードの普及に一層のご協力をいただくようお願い申し上げる．

　2004 年 3 月

日本建築学会　環境工学委員会

日本建築学会環境基準制定の趣旨と基本方針

(1)　本会は，「日本建築学会環境基準」を制定し社会に対して刊行する．本基準は，日本建築学会環境工学委員会が定める「建築と都市の環境基準」であり，日本建築学会環境基準（以下，AIJESという）と称し，対象となる環境分野ごとに記号と発刊順の番号を付す．

(2)　AIJES制定の目的は，本会の行動規範および倫理綱領に基づき，建築と都市の環境に関する学術的な判断基準を示すとともに，関連する法的基準の先導的な役割を担うことにある．それによって，研究者，発注者，設計者，監理者，施工者，行政担当者が，AIJESの内容に関して知識を共有することが期待できる．

(3)　AIJESの適用範囲は，建築と都市のあらゆる環境であり，都市環境，建築近傍環境，建物環境，室内環境，部位環境，人体環境などすべてのレベルを対象とする．

(4)　AIJESは，「基準」，「規準」，「仕様書」，「指針」のような形で規定されるものとする．以上の用語の定義は基本的に本会の規定に従うが，AIJESでは，「基準」はその総体を指すときに用いるものとする．

(5)　AIJESは，中立性，公平性を保ちながら，本会としての客観性と先見性，論理性と倫理性，地域性と国際性，柔軟性と整合性を備えた学術的判断基準を示すものとする．

　それによって，その内容は，会員間に広く合意を持って受け入れられるものとする．

(6)　AIJESは，安全性，健康性，快適性，省エネルギー性，省資源・リサイクル性，環境適合性，福祉性などの性能項目を含むものとする．

(7)　AIJESの内容は，建築行為の企画時，設計時，建設時，完成時，運用時の各段階で適用されるものであり，性能値，計算法，施工法，検査法，試験法，測定法，評価法などに関する規準を含むものとする．

(8)　AIJESは，環境水準として，最低水準（許容値），推奨水準（推奨値），目標水準（目標値）などを考慮するものとする．

(9)　AIJESは，その内容に学術技術の進展・社会状況の変化などが反映することを考慮して，必要に応じて改定するものとする．

(10)　AIJESは，実際の都市，建築物に適用することを前提にしている以上，原則として，各種法令や公的な諸規定に適合するものとする．

(11)　AIJESは，異なる環境分野間で整合の取れた体系を保つことを原則とする．

規準作成関係委員（2018年度）
－ （五十音順・敬称略） －

環境工学委員会
　　委員長　岩　田　利　枝
　　幹　事　持　田　　　灯　　望　月　悦　子　　リジャル.H.B
　　委　員　　（略）

企画刊行運営委員会
　　主　査　羽　山　広　文
　　幹　事　菊　田　弘　輝　　中　野　淳　太
　　委　員　　（略）

建築学会環境基準作成小委員会
　　主　査　羽　山　広　文
　　幹　事　菊　田　弘　輝　　中　野　淳　太
　　委　員　　（略）

居住性能評価指針改定刊行小委員会
　　主　査　横　山　　　裕
　　幹　事　松　本　泰　尚
　　委　員　安　藤　　　啓　　石　川　孝　重　　井　上　勝　夫
　　　　　　国　松　　　直　　鈴　木　雅　靖　　野　口　憲　一
　　　　　　濱　本　卓　司

性能評価法検討ワーキンググループ
　　主　査　松　本　泰　尚
　　幹　事　新　藤　　　智
　　委　員　石　川　孝　重　　石　田　理　永　　井　上　竜　太
　　　　　　鈴　木　雅　靖　　冨　田　隆　太　　久　木　章　江
　　　　　　横　山　　　裕

環境振動運営委員会
　　主　査　国　松　　　直
　　幹　事　冨　田　隆　太　　増　田　圭　司
　　委　員　　（略）

執筆委員
　　　　　　石　川　孝　重　　井　上　竜　太　　新　藤　　　智
　　　　　　鈴　木　雅　靖　　冨　田　隆　太　　久　木　章　江
　　　　　　松　本　泰　尚　　横　山　　　裕

建築物の振動に関する居住性能評価規準・同解説

目　　次

	本文 ページ	解説 ページ
1.　適 用 範 囲 ……………………………………………………	1	9
1.1　本規準の位置付け ……………………………………		9
1.2　対象とする建築物の用途，評価の観点 ………………		9
1.3　対象とする振動 ………………………………………		9
2.　居住性能評価の基本概念 ……………………………………	1	9
2.1　定常的な振動と非定常的な振動の定義 ………………		10
2.2　評価の基本方針 ………………………………………		10
3.　居住性能評価の方法 …………………………………………	1	10
3.1　定常的な振動の評価方法 ……………………………	1	10
3.1.1　鉛 直 振 動 ………………………………………	1	10
（1）適 用 対 象 …………………………………………	1	10
（2）評 価 方 法 …………………………………………	1	11
3.1.2　水 平 振 動 ………………………………………	4	21
（1）適 用 対 象 …………………………………………	4	21
（2）評 価 方 法 …………………………………………	4	22
3.2　非定常的な振動の評価方法 …………………………	5	32
3.2.1　鉛 直 振 動 ………………………………………	5	32
（1）適 用 対 象 …………………………………………	5	32
（2）評 価 方 法 …………………………………………	5	32
（3）加速度振幅の低減方法 ……………………………	5	42
3.2.2　水 平 振 動 ………………………………………	6	48
（1）適 用 対 象 …………………………………………	6	48
（2）評 価 方 法 …………………………………………	6	50
（3）加速度振幅の低減方法 ……………………………	7	52

付　　録
　付 1.　鉛直振動の振動数範囲について …………………………………………………57

付 2. 1/3 オクターブバンドで評価する理由と留意点 ………………………………… 59

付 3. 接線法とオーバーオール値による方法の長所，短所 ……………………………… 63

付 4. 振動レベルと加速度振幅の最大値の対応 …………………………………………… 67

付 5. 本規準以外の環境振動評価法の例 …………………………………………………… 69

付 6. 官能検査条件が評価に及ぼす影響 …………………………………………………… 76

付 7. 感覚評価に影響を及ぼす体感以外の要素 …………………………………………… 79

付 8. 長時間継続する水平振動の感覚への影響 …………………………………………… 84

付 9. 水平振動が行動，作業に及ぼす影響 ………………………………………………… 86

付 10. 感覚評価の回答確率に基づいた性能説明 ………………………………………… 88

付 11. 実建築物の風振動に対する本規準の適用事例 …………………………………… 93

建築物の振動に関する居住性能評価規準

1. 適用範囲
　本規準は，建築に関わる居住環境としての性能を確保する観点から，環境振動を評価する場合に適用する．

2. 居住性能評価の基本概念
　居住性能評価は，目標性能に対し，3. に示す性能評価図に，建築物の応答を所定の方法で照合することにより行う．なお，本規準では，応答を「定常的な振動」と「非定常的な振動」に分けて扱う．

3. 居住性能評価の方法

3.1 定常的な振動の評価方法
　定常的な振動とみなされる場合は，鉛直振動の場合 3.1.1，水平振動の場合 3.1.2 に示す方法にしたがって評価する．

3.1.1 鉛直振動

(1) 適用対象
　建築物の床などに生じる定常的な鉛直振動を評価する場合に適用する．

(2) 評価方法
　定常的な鉛直振動の評価は，図1および図2に示す性能評価図に，振動の 1/3 オクターブバンド分析結果から得られる，各バンドの中心周波数と加速度振幅の最大値を照合することにより行う．このうち，図1は住居などの床の振動を評価する場合に用い，図2は事務所などの床の振動を評価する場合に用いる．
　また，図1および図2に示す評価レベルの説明を，表1に示す．

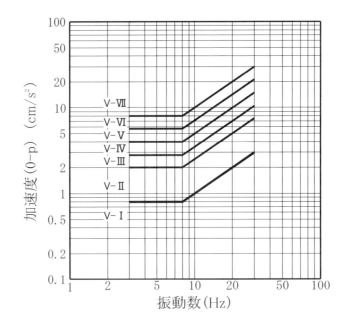

振動数 f(Hz) 評価レベル	$3 \leqq f < 8$	$8 \leqq f \leqq 30$
V－Ⅶ	8.00 以上	1.00 f 以上
V－Ⅵ	5.66 以上 8.00 未満	0.707 f 以上 1.00 f 未満
V－Ⅴ	4.00 以上 5.66 未満	0.500 f 以上 0.707 f 未満
V－Ⅳ	2.83 以上 4.00 未満	0.354 f 以上 0.500 f 未満
V－Ⅲ	2.00 以上 2.83 未満	0.250 f 以上 0.354 f 未満
V－Ⅱ	0.808 以上 2.00 未満	0.101 f 以上 0.250 f 未満
V－Ⅰ	0.808 未満	0.101 f 未満

(単位：cm/s^2)

図1　鉛直振動の性能評価図(住居などの床)

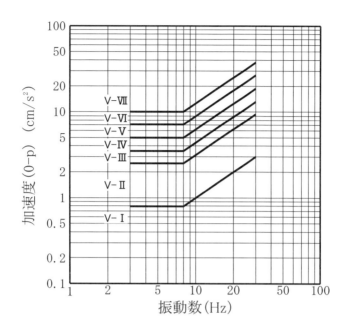

振動数 f(Hz) 評価レベル	3 ≦ f < 8	8 ≦ f ≦ 30
V−Ⅶ	10.1 以上	1.26 f 以上
V−Ⅵ	7.12 以上 10.1 未満	0.890 f 以上 1.26 f 未満
V−Ⅴ	5.04 以上 7.12 未満	0.629 f 以上 0.890 f 未満
V−Ⅳ	3.56 以上 5.04 未満	0.445 f 以上 0.629 f 未満
V−Ⅲ	2.52 以上 3.56 未満	0.315 f 以上 0.445 f 未満
V−Ⅱ	0.808 以上 2.52 未満	0.101 f 以上 0.315 f 未満
V−Ⅰ	0.808 未満	0.101 f 未満

(単位：cm/s^2)

図2　鉛直振動の性能評価図(事務所などの床)

表1　鉛直振動の評価レベルの説明

評価の観点 評価レベル	気になり具合	不快
V−Ⅶ	非常に気になる	かなり不快である
V−Ⅵ	かなり気になる	
V−Ⅴ		やや不快である
V−Ⅳ	やや気になる	
V−Ⅲ		あまり不快でない
V−Ⅱ	あまり気にならない	
V−Ⅰ	ほとんど感じない	

3.1.2 水平振動

(1) 適用対象

建築物に生じる定常的な水平振動を評価する場合に適用する．

(2) 評価方法

定常的な水平振動の評価は，図3に示す性能評価図に，フーリエ解析などの結果から得られる卓越振動数と加速度時刻歴の最大値，あるいは振動の1/3オクターブバンド分析結果から得られる各バンドの中心周波数と加速度振幅の最大値を照合することにより行う．

また，図3に示す評価レベルの説明を表2に示す．

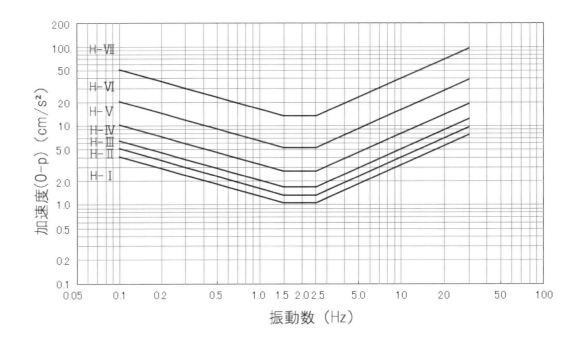

振動数 f (Hz) 評価レベル	$0.1 \leq f < 1.5$	$1.5 \leq f < 2.5$	$2.5 \leq f \leq 30$
H−VII	$16.3 f^{-0.5}$ 以上	13.3 以上	$6.41 f^{0.8}$ 以上
H−VI	$6.51 f^{-0.5}$ 以上 $16.3 f^{-0.5}$ 未満	5.31 以上 13.3 未満	$2.55 f^{0.8}$ 以上 $6.41 f^{0.8}$ 未満
H−V	$3.26 f^{-0.5}$ 以上 $6.51 f^{-0.5}$ 未満	2.66 以上 5.31 未満	$1.28 f^{0.8}$ 以上 $2.55 f^{0.8}$ 未満
H−IV	$2.06 f^{-0.5}$ 以上 $3.26 f^{-0.5}$ 未満	1.68 以上 2.66 未満	$0.807 f^{0.8}$ 以上 $1.28 f^{0.8}$ 未満
H−III	$1.63 f^{-0.5}$ 以上 $2.06 f^{-0.5}$ 未満	1.33 以上 1.68 未満	$0.641 f^{0.8}$ 以上 $0.807 f^{0.8}$ 未満
H−II	$1.30 f^{-0.5}$ 以上 $1.63 f^{-0.5}$ 未満	1.06 以上 1.33 未満	$0.509 f^{0.8}$ 以上 $0.641 f^{0.8}$ 未満
H−I	$1.30 f^{-0.5}$ 未満	1.06 未満	$0.509 f^{0.8}$ 未満

(単位：cm/s^2)

図3　定常的な水平振動に関する性能評価図

表 2　定常的な水平振動の評価レベルの説明

評価の観点／評価レベル	不安感	不快	知覚
H－Ⅶ	かなり不安を感じる	かなり不快である	ほとんどの人が知覚する
H－Ⅵ	わりと不安を感じる	わりと不快である	ほとんどの人が知覚する
H－Ⅴ	あまり不安を感じない	あまり不快でない	ほとんどの人が知覚する
H－Ⅳ	あまり不安を感じない	あまり不快でない	大半の人が知覚する
H－Ⅲ	まったく不安を感じない	まったく不快でない	大半の人が知覚しない
H－Ⅱ	まったく不安を感じない	まったく不快でない	わずかな人しか知覚しない
H－Ⅰ	まったく不安を感じない	まったく不快でない	ほとんどの人が知覚しない

3.2　非定常的な振動の評価方法

非定常的な振動とみなされる場合は，鉛直振動の場合 3.2.1，水平振動の場合 3.2.2 に示す方法にしたがって評価することができる．

3.2.1　鉛直振動

(1)　適用対象

建築物の床などに生じる非定常的な鉛直振動を評価する場合に適用する．

(2)　評価方法

非定常的な鉛直振動の評価は，3.1.1 の(2)に記した定常的な振動の評価と同様の方法で行う．ただし，性能評価図と照合する加速度振幅の最大値は，(3)に記す要領にしたがって低減できる．

(3)　加速度振幅の低減方法

非定常的な鉛直振動を評価する場合，図 1 および図 2 と照合する加速度振幅は，振動の継続時間に応じて低減できる．ここで，振動の継続時間は，以下に述べる VL_{10ms} が 55dB 以上となっている時間の合計とする．

VL_{10ms} は，JIS C 1510-1995 で定められている鉛直特性で重み付けられた振動加速度の RMS 値(二乗平均平方根値)を基準の振動加速度(10^{-5}m/s²)で除した値の常用対数の 20 倍とする．振動加速度の RMS 値は，時定数 10ms の指数移動平均により求めるものとする．

図 1 および図 2 と照合する加速度振幅は，下式にしたがって算出する．

$$10\text{s} \leqq T \text{ の場合} \qquad : A^* = A$$
$$1\text{s} \leqq T < 10\text{s} \text{ の場合} \quad : A^* = A \times 10^{\{(\log T)-1\}/4}$$
$$T < 1\text{s} \text{ の場合} \qquad : A^* = A \times 10^{-1/4}$$

ここで，A　：各バンドの加速度振幅の最大値
A^*：図 1，2 と照合する各バンドの加速度振幅
T　：振動の継続時間(s)

図 4 に，A^*/A と T の関係を示す．

なお，VL_{10ms} が 55dB 未満となっている時間が 5s 以下の場合，その前後の振動は 1 つの振動として評価することとし，前後の継続時間を加算する．

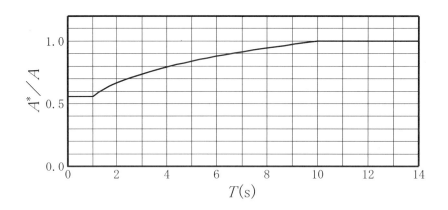

図 4　A^*/A と T の関係

3.2.2 水平振動

(1) 適用対象

建築物に生じる非定常的な水平振動を評価する場合に適用する．

(2) 評価方法

非定常的な水平振動の評価は，図 5 に示す性能評価図に，振動の 1/3 オクターブバンド分析結果から得られる，各バンドの中心周波数と加速度振幅の最大値を照合することにより行う．ただし，性能評価図と照合する加速度振幅の最大値は，(3)に記す要領にしたがって低減できる．

なお，図 5 中の評価レベルに対する説明は，表 2 に示した評価レベルの説明のうち，不快に対する説明のみを参照するものとする．

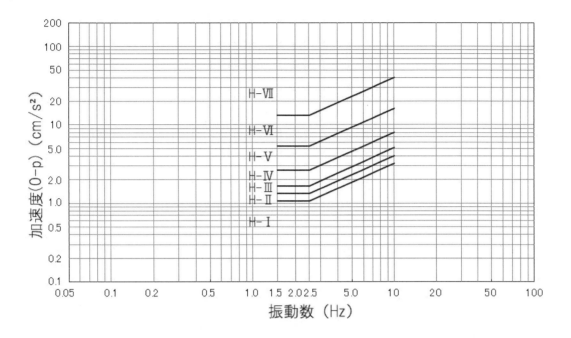

図5 非定常的な水平振動の性能評価図

(3) 加速度振幅の低減方法

非定常的な水平振動を評価する場合，図5と照合する加速度振幅は，振動の継続時間に応じて低減できる．ここで，振動の継続時間は，以下に述べる VL_{10ms} が 55dB 以上となっている時間の合計とする．

VL_{10ms} は，JIS C 1510-1995 で定められている水平特性で重み付けられた振動加速度の RMS 値を基準の振動加速度(10^{-5}m/s^2)で除した値の常用対数の 20 倍とする．振動加速度の RMS 値は，時定数 10ms の指数移動平均により求めるものとする．

図5と照合する加速度振幅は，下式にしたがって算出する．

$10\mathrm{s} \leq T$ の場合 ： $A^* = A$

$1\mathrm{s} \leq T < 10\mathrm{s}$ の場合 ： $A^* = A \times 10^{\{(\log T)-1\}/4}$

$T < 1\mathrm{s}$ の場合　　　　：$A^* = A \times 10^{-1/4}$

ここで，A　：各バンドの加速度振幅の最大値

A^*：図5と照合する各バンドの加速度振幅

T　：振動の継続時間(s)

A^* / A と T の関係は，図4(前出)に示している．

なお，VL_{10ms} が 55dB 未満となっている時間が 5s 以下の場合，その前後の振動は1つの振動として評価することとし，前後の継続時間を加算する．

建築物の振動に関する居住性能評価規準　解説

1. 適用範囲

本規準は，建築に関わる居住環境としての性能を確保する観点から，環境振動を評価する場合に適用する．

1.1　本規準の位置付け

本規準は，建築物に発生する振動と，それに対する居住者の評価との関係を提示するものである．本規準を活用することにより，建築物の設計段階で予測された振動，あるいは実在する建築物において測定された振動が居住者の要求性能と合致しているかどうかを，合理的に判断することが可能となる．

なお，本規準を活用した建築物の具体的な設計手法や，実環境評価における振動の測定方法などは，本規準の範囲外とする．

1.2　対象とする建築物の用途，評価の観点

対象とする建築物の用途は，住居，事務所をはじめ，教育施設，医療施設，商業施設，宿泊施設など，居住，執務，作業などの目的で継続的に使用する空間を要する用途全般とする．また，対象とする評価の観点は居住性とし，建築物と接触している身体部位で感じた振動がどの程度不快かなどを判断するための評価規準を提示する．

なお，振動の評価には，振動に伴って発生する音や視対象物の揺れなど聴覚的，視覚的要因も影響する．これらの要因が加味された評価は，本規準の対象外とするが，参考として付録に掲載した．

1.3　対象とする振動

対象とする振動は，床上の人間の動作や設備機器など建築物内の振動源により日常的に発生する振動，道路，鉄道，工場に設置された生産機器，工事現場で稼働する建設機械など建築物外の振動源により発生する振動，自然外力である風により発生する振動など，居住者を取り巻く環境において発生する振動全般とする．

なお，地震による振動のうち，高層建築物などにおいて，地震発生後比較的長い時間継続する長周期振動も対象に含むこととする．

2. 居住性能評価の基本概念

居住性能評価は，目標性能に対し，3.に示す性能評価図に，建築物の応答を所定の方法で照合することにより行う．なお，本規準では，応答を「定常的な振動」と「非定常的な振動」に分けて扱う．

2.1 定常的な振動と非定常的な振動の定義

本規準では，振幅および振動数の時間的変動が比較的小さい振動を「定常的な振動」とする．一方，振幅，振動数またはその両方が時間的に大きく変動する振動を「非定常的な振動」とする．ここで，時間的変動とは，人間が変化を感じることができる時間内での変動を指すこととする．

2.2 評価の基本方針

日常的な振動源により建築物に発生する振動は，その振動源により，卓越する振動方向や振動数範囲，波形などが，ある程度限定されている．そのため，指針第 1 版(1991)[1]や第 2 版(2004)[2]では，基本的に振動源ごとに評価方法が体系化されていた．ところが近年，都市の高密度化や，生活パターンの多様化などの影響で，種々の振動源と居住空間が空間的にも時間的にも近接し，複数の振動源による振動が複合されて居住空間に同時に入り込む事例が増加してきた．このような振動を適切に評価するためには，従来の振動源ごとの体系では限界がある．本規準では，将来，種々の振動源により発生するさまざまな振動に一律に適用できる評価方法が必要となることを見据え，その第一段階として，振動源ごとの枠組みから，振動の性状に応じた枠組みに変更することとした．具体的には，振幅および振動数の時間的変動の大きさに応じて，定常的な振動と非定常的な振動に分けて評価規準を提示することとした．加えて，それぞれの評価規準については，将来の統合を視野に入れ，相互に連続性，整合性を確保するよう留意することとした．

3. 居住性能評価の方法

3.1 定常的な振動の評価方法

定常的な振動とみなされる場合は，鉛直振動の場合 3.1.1，水平振動の場合 3.1.2 に示す方法にしたがって評価する．

3.1.1 鉛 直 振 動
(1) 適用対象

建築物の床などに生じる定常的な鉛直振動を評価する場合に適用する．

定常的な振動に該当する床の鉛直振動として，回転運動や往復運動をする機構を有する設備機器，生産機器，建設機械により発生する振動や，コンサート公演中の観客の「たてのり」，ダンススタジオでのエアロビックダンスなどにより発生する振動などが挙げられる．3.1.1 の規準は，これらの振動の評価に適用する．

(2) 評価方法

定常的な鉛直振動の評価は，図1および図2に示す性能評価図に，振動の1/3オクターブバンド分析結果から得られる，各バンドの中心周波数と加速度振幅の最大値を照合することにより行う．このうち，図1は住居などの床の振動を評価する場合に用い，図2は事務所などの床の振動を評価する場合に用いる．

また，図1および図2に示す評価レベルの説明を，表1に示す．

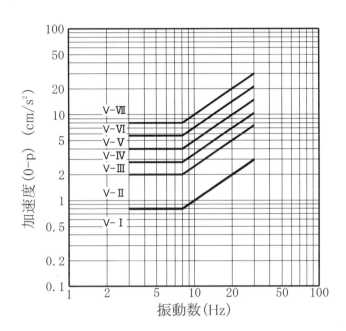

振動数 f(Hz) 評価レベル	$3 \leqq f < 8$	$8 \leqq f \leqq 30$
V－Ⅶ	8.00 以上	1.00 f 以上
V－Ⅵ	5.66 以上 8.00 未満	0.707 f 以上 1.00 f 未満
V－Ⅴ	4.00 以上 5.66 未満	0.500 f 以上 0.707 f 未満
V－Ⅳ	2.83 以上 4.00 未満	0.354 f 以上 0.500 f 未満
V－Ⅲ	2.00 以上 2.83 未満	0.250 f 以上 0.354 f 未満
V－Ⅱ	0.808 以上 2.00 未満	0.101 f 以上 0.250 f 未満
V－Ⅰ	0.808 未満	0.101 f 未満

(単位：cm/s^2)

図1 鉛直振動の性能評価図(住居などの床)

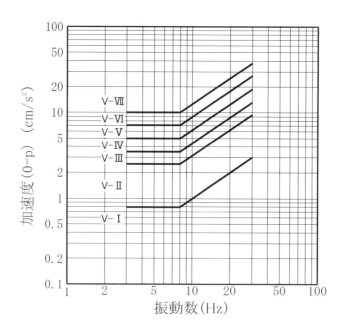

振動数 f(Hz) 評価レベル	$3 \leqq f < 8$	$8 \leqq f \leqq 30$
V－Ⅶ	10.1 以上	1.26 f 以上
V－Ⅵ	7.12 以上 10.1 未満	0.890 f 以上 1.26 f 未満
V－Ⅴ	5.04 以上 7.12 未満	0.629 f 以上 0.890 f 未満
V－Ⅳ	3.56 以上 5.04 未満	0.445 f 以上 0.629 f 未満
V－Ⅲ	2.52 以上 3.56 未満	0.315 f 以上 0.445 f 未満
V－Ⅱ	0.808 以上 2.52 未満	0.101 f 以上 0.315 f 未満
V－Ⅰ	0.808 未満	0.101 f 未満

(単位：cm/s^2)

図2 鉛直振動の性能評価図(事務所などの床)

表1 鉛直振動の評価レベルの説明

評価の観点 評価レベル	気になり具合	不快
V－Ⅶ	非常に気になる	かなり不快である
V－Ⅵ	かなり気になる	
V－Ⅴ		やや不快である
V－Ⅳ	やや気になる	
V－Ⅲ		あまり不快でない
V－Ⅱ	あまり気にならない	
V－Ⅰ	ほとんど感じない	

a．基本的な照合方法

　振動の評価に用いる振動の諸元は，1/3 オクターブバンド分析による加速度の最大値

(0-p, 単位 cm/s^2)を基本とし，1/3オクターブバンド中心周波数とその帯域の最大値を図1および図2に3～30Hz(3.15Hz帯域～25Hz帯域)の範囲で照合し，接線法により評価する. なお，本書でいう接線法とは，例えば，JIS A 1419-2 : 2000[3)]の附属書1(規程)を参考に，「各周波数帯域における値を性能評価図にプロットし，その値がすべての周波数帯域においてある評価レベルを下回るとき，その最小の評価レベルを表すものとする」と定義する.

b. 1/3オクターブバンド分析器などを使用した照合方法

1/3オクターブバンド分析による最大値を算出できない場合には，JIS C 1513 : 2002[4)]に規定されている1/3オクターブバンド分析器などを使用してもよい. 1/3オクターブバンド分析器などを使用する場合には，時定数は10msを用いることが望ましい. この推奨値は，指針第2版(2004)との整合性，および現在普及している多くの分析器が備えている最も小さい時定数は10msであることを考慮して設定したものである. 125msを用いる場合には，適切なピークファクターを乗じる必要がある. 図3.1.1.1に文献5)による正弦波の例を示す. 時定数の短い10～125msの例では，振動数が高くなるほど，最大値とのレベル差が大きいことがわかる. 一方，630ms，1000msでは，3dBで一定となっている.

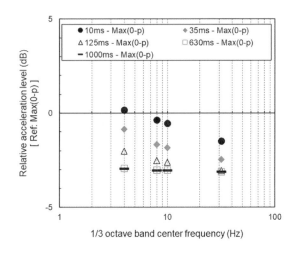

図3.1.1.1 時定数を変化させたときの正弦波の振動加速度レベル差の例[5)]

c. 加速度・時間曲線から振動数，加速度(0-p)を求める方法

1/3オクターブバンド分析を用いずに，加速度・時間曲線から性能評価図と照合する振動数，加速度(0-p)を求める簡便な方法について例を挙げる.

図3.1.1.2に，事務所の床において1人歩行時に計測された加速度・時間曲線の例を示す. まず，図の曲線より加速度振幅の最大値を求める. つぎに，その値が得られた時点近傍における卓越振動数を，ゼロクロッシング法やフーリエ解析結果により求める. 最後に，得られた卓越振動数と加速度振幅の最大値を振動数，加速度(0-p)とし，性能評価図と照合する. 図の例では，▼で示した加速度振幅の最大値が3.8cm/s^{2}となっている. ▼の位置の±0.5sの範囲に曲線がマイナスからプラスに転じる箇所(図中●で示す)を数えるゼロクロッシング法によると，1秒間に6波が含まれることから，卓越振動数を6Hzと求めることができる.

図 3.1.1.3 に，上述の方法で加速度・時間曲線から求めた加速度振幅の最大値を加速度振幅・振動数平面上にプロットした結果を図中の▲にて示す．比較の目的で，同じ加速度・時間曲線に対して 1/3 オクターブバンド分析を行った結果についても○で示した．一般に，さまざまな振動数成分が含まれる加速度・時間曲線から求めた加速度振幅の最大値の方が，1/3 オクターブバンド分析の結果よりも大きくなる．この事例でも，1/3 オクターブバンド分析により求めた値 3.2cm/s² に比べて，加速度・時間曲線から求めた値 3.8cm/s² の方が大きな値を示している．

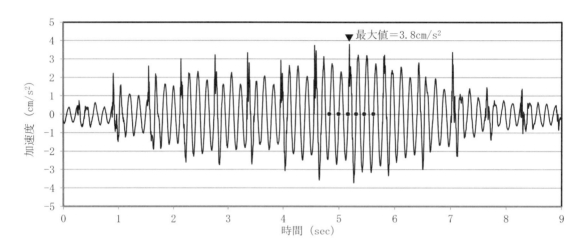

図 3.1.1.2 床振動の加速度・時間曲線の事例(事務所における 1 人歩行)

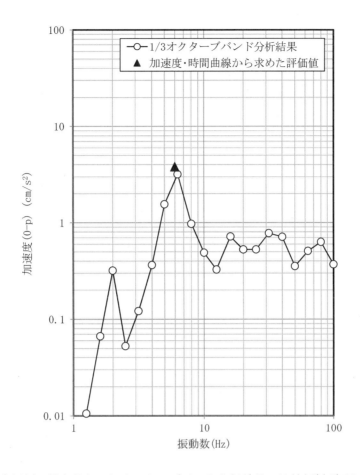

図 3.1.1.3　加速度振幅の最大値と 1/3 オクターブバンド分析結果の比較例(事務所における 1 人歩行)

d. 性能評価図および評価レベル設定の根拠

性能評価図および評価レベル設定の学術的根拠については，3.2.1(2)の解説を参照されたい．

ここで，本規準の根拠となった学術成果を含む鉛直振動に対する居住性能評価を対象とした既往の研究では，居住者の評価を抽出，定量化するための官能検査時に，「住居などの床」あるいは「事務所などの床」を検査員に想定させている例が多い．また，評価の観点としては，「どの程度気になるか」，「どの程度不快か」を対象としている例が多い．したがって，本規準では，住居などの床を対象とした場合と事務所などの床を対象とした場合の 2 つの性能評価図を提示するとともに，「気になり具合」，「不快」の 2 つの観点からの評価レベルを設定した．なお，他の用途の建築物を対象とした場合の評価は，使用状況や要求水準などを勘案したうえで，今回提示した 2 つの性能評価図から類推することとなる．

e. 指針第 1 版(1991)，指針第 2 版(2004)との比較

図 3.1.1.4 に，指針第 1 版(1991)における「床振動に関する性能評価基準」を示す．第 1 版では，図に示すように，横軸振動数，縦軸振幅の平面上に，8Hz で傾きが変わる $V\text{-}0.75$ 〜 $V\text{-}30$ の 6 本の評価曲線が規定された．各曲線の名称内の数字は，3〜8Hz における加速度振幅に相当する．これらの評価曲線は，当時すでに発表，制定されていた複数の研究成果や基・規準類における評価曲線を同一の振動数・振幅平面上に重ね書きし，総合的に検

討して策定したものである．6 本の評価曲線のうち V–1.5，V–3，V–5 については，以下のように位置付けられている．

　　V–1.5：知覚閾にほぼ対応

　　V–3：感覚評価から性能評価としての「健全性」へ変換できる下限領域

　　V–5：感覚評価から性能評価としての「健全性」へ変換できる上限領域

　以上のように，居住性からみた性能評価は知覚閾などの感覚評価とは必ずしも一致しないことが示されていた．なお，これらの位置付けの根拠となった既存の評価曲線は，いずれも元をたどると正弦振動を対象とした研究成果に帰着する．

　また，指針第 1 版(1991)では，実際に建築物床に発生する振動を，その性状から表 3.1.1.1 に示すように「定常的振動」，「断続的振動(間欠)」，「衝撃的振動」の 3 種に分類したうえで，前二者を「振動種別 1」とし，これらに上記 V–1.5，V–3，V–5，および V–1.5 の 1/2 倍の振幅にあたる V–0.75 の 4 本の評価曲線を適用することとしている．具体的には，表 3.1.1.2 に示すように，代表的な 3 種の建築物，室用途ごとに以下の 3 水準の性能評価区分(ランク I 〜III)を設定したうえで，それぞれ上限となる評価曲線を規定している．すなわち，設計者に，設計目標を設定する際のよりどころを具体的に提示している．

　　ランク I：居住性能上この範囲を下回ることがより望ましいレベル

　　ランク II：一般的なよりどころ

　　ランク III：この範囲を上回らないようにするべきレベル

　なお，「振動種別 2」および「振動種別 3」に該当する衝撃的振動に関しては，V–5 および V–5 の 2 倍，6 倍の振幅にあたる V–10，V–30 の 3 本の評価曲線を適用することとしているが，当時データの蓄積が十分ではなかったことから，性能評価区分は最も緩いランク III のみを規定するに留めている．

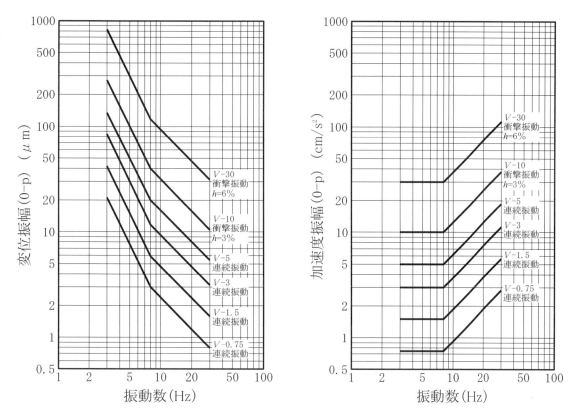

図 3.1.1.4　指針第 1 版(1991)における床振動に関する性能評価基準

表 3.1.1.1　指針第 1 版(1991)における振動波形の分類

名称	振動波形の特徴	振動波形の一例
定常的振動	とぎれのない振動	
断続的振動 （間欠）	おのおのが短い時間間隔でしかもそれ以下に分断された一連の振動	
衝撃的振動	急激に立ち上がり減衰する振動 （2秒以下の断続時間）	

表 3.1.1.2　指針第1版(1991)における建築物の用途別性能評価区分

振動種別, ランク／建築物, 室用途		振動種別1			振動種別2	振動種別3
		ランクⅠ	ランクⅡ	ランクⅢ	ランクⅢ	ランクⅢ
住居	居室, 寝室	V-0.75	V-1.5	V-3	V-5	V-10
事務所	会議・応接室	V-1.5	V-3	V-5	V-10	V-30
	一般事務室	V-3	V-5	V-5程度	V-10程度	V-30程度

[注]　ランクは単に居住性能上の段階を示すが，一般的なよりどころをランクⅡにおいている．
　　　なお，ランクⅠは居住性能上この範囲を下回ることがより望ましいレベル，
　　　ランクⅢは同じくこの範囲を上回らないようにするべきレベルである．
振動種別1：連続振動および間欠的に繰り返し発生する振動
振動種別2：衝撃振動(減衰定数　h＝3%以下)
振動種別3：衝撃振動(減衰定数　h＝6%以下)

　図 3.1.1.5 に，本規準の性能評価図と，指針第1版(1991)における性能評価基準を比較して示す．左側の図は，本規準の住居などの床の性能評価図と指針第1版(1991)の性能評価基準の関係，右側の図は，本規準の事務所などの床の性能評価図と指針第1版(1991)の性能評価基準の関係を示したものである．

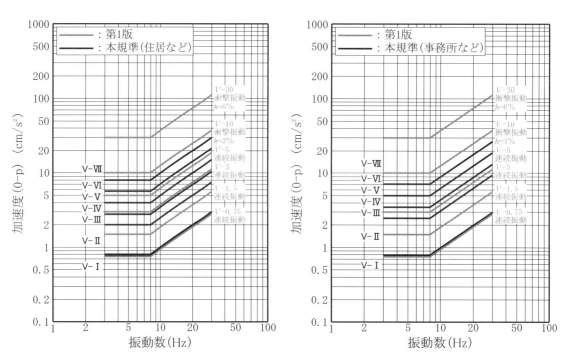

図 3.1.1.5　本規準の性能評価図と指針第1版(1991)における性能評価基準の比較

　つぎに，図 3.1.1.6 に，指針第2版(2004)における「鉛直振動に関する性能評価曲線」を示す．第2版では，「人の動作・設備による振動」と「交通による振動」が別章となったが，性能評価曲線は同一である．図に示すように，振動数・振幅平面上に，指針第1版(1991)と同じ傾きを持つ V-10〜V-90 の5本の評価曲線が規定された．各曲線の名称内の

数字は，知覚確率を表す．これらの評価曲線も，主に正弦振動を対象とした研究成果に基づいて規定されたものである．

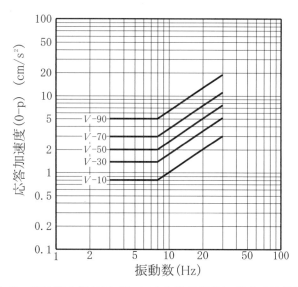

図 3.1.1.6　指針第 2 版(2004)における鉛直振動に関する性能評価曲線

　第 1 版と第 2 版の大きな違いの 1 つとして，第 1 版では明示されていたランクⅠ～Ⅲなどの性能評価区分が削除され，知覚確率を表す評価曲線のみとなった点が挙げられる．これは，どの程度の環境を設計目標とするかは本来建築物ごとに建築主や居住者と設計者が協議して決めるべきことであり，学会が標準のレベルや推奨値などを提示するのは避けるべきであるという理念に基づいたものであったが，結果として，設計者は，具体的なよりどころを失うこととなった．そのため，指針第 2 版(2004)が発行された後も，指針第 1 版(1991)が活用される事例が散見された．図 3.1.1.7 に，指針第 1 版(1991)の性能評価基準と指針第 2 版(2004)の性能評価曲線を比較して示す．図に示すように，指針第 2 版(2004)の V-10 は第 1 版の V-0.75，V-30 は V-1.5，V-70 は V-3，V-90 は V-5 と，おおむね対応している．

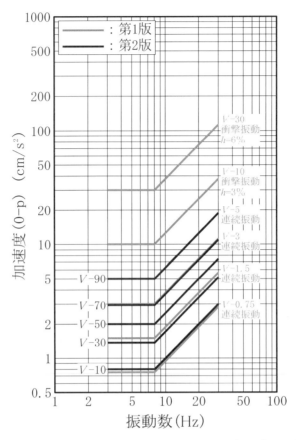

図 3.1.1.7 指針第 1 版(1991)の性能評価基準と指針第 2 版(2004)の性能評価曲線の比較

図 3.1.1.8 に，本規準の性能評価図と，指針第 2 版(2004)における性能評価曲線を比較して示す．左側の図は，本規準の住居などの床の性能評価図と第 2 版の性能評価曲線の関係，右側の図は，本規準の事務所などの床の性能評価図と第 2 版の性能評価曲線の関係を示したものである．

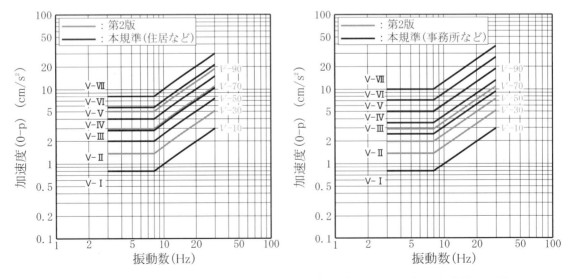

図 3.1.1.8 本規準の性能評価図と指針第 2 版(2004)における性能評価曲線の比較

3.1.2 水平振動

(1) 適用対象

建築物に生じる定常的な水平振動を評価する場合に適用する.

振動源(建物内振動源, 建物外振動源, 自然外力)にかかわらず, すべての建築物などで生じる定常的な水平振動を対象とする.

定常的な振動とは, 建築物の居住者あるいは利用者の振動感覚において, 振動数の時間的変動が比較的小さく, 同じような振幅変化の繰り返しが連続振動として認識あるいは感じられる振動を指す.

定常的な水平振動の代表例は, 指針第2版(2004)に示されてきたように, 風による振動である. 長周期地震動による超高層建物の揺れなども定常的な水平振動である. なお, 交通振動などにより励起される戸建住宅などでの水平振動は, おおむね非定常的な振動ではあるが, 一部定常的な振動とみなす場合がある.

対象とする振動数範囲は超高層建物から戸建住宅の固有振動数を包含することを考慮し, 0.1~30Hz までとする.

対象とする加速度振幅の範囲は, 知覚として振動を感じる人が生じはじめる程度から, 長周期地震動時に感じるであろう, 不快感や不安感といった心理的な感覚も考慮できる範囲とする. ただし, 生理的な限界となる恕限度までは対象としていない. なお, 比較的高い振動数範囲も対象であるため, 固体伝搬音に関係が深い振動も含まれるが, こうした振動については言及しない.

定常的な水平振動の代表例として, 風による振動(風揺れ)時の応答加速度の時刻歴波形例を図 3.1.2.1 に, 長周期地震動による超高層建物の応答加速度の時刻歴波形例を図 3.1.2.2 に示す.

風による水平振動はランダム振動ではあるが, エルゴード性 [6),7)] を有しているとされており, 一定時間(通常は 10 分間)の振動は, 同じような振幅の繰り返しによる連続的な水平振動とみなすことができる. そのため, 定常的な水平振動として評価することになる.

長周期地震動による超高層建物の揺れは, 東日本大震災時に広く一般に認識されたが, この時ほど大きな揺れでなくても, 超高層建物が突然揺れ出す原因不明の不思議な揺れとして認識されはじめていたものである(2004 年の新潟県中越地震時など). 振動方向 229 度の波形例のように, 卓越振動数で比較的長い時間振動が続くため, 感覚としては定常的な振動として認識される.

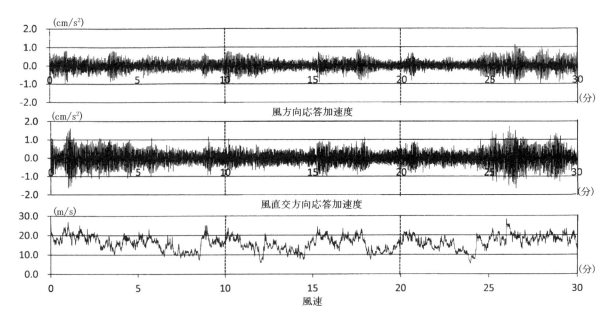

図 3.1.2.1　風による建物の応答加速度時刻歴波形例

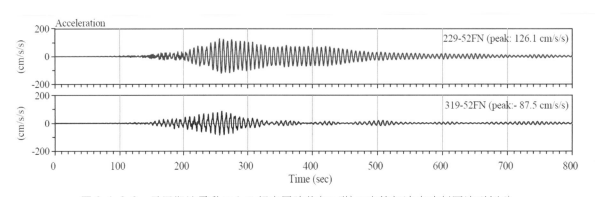

図 3.1.2.2　長周期地震動による超高層建物(52 階)の応答加速度時刻歴波形例 [8]

(上段：振動方向 229 度　下段：振動方向 319 度　（0 度北))

(2)　評価方法

　定常的な水平振動の評価は，図 3 に示す性能評価図に，フーリエ解析などの結果から得られる卓越振動数と加速度時刻歴の最大値，あるいは振動の 1/3 オクターブバンド分析結果から得られる各バンドの中心周波数と加速度振幅の最大値を照合することにより行う．

　また，図 3 に示す評価レベルの説明を，表 2 に示す．

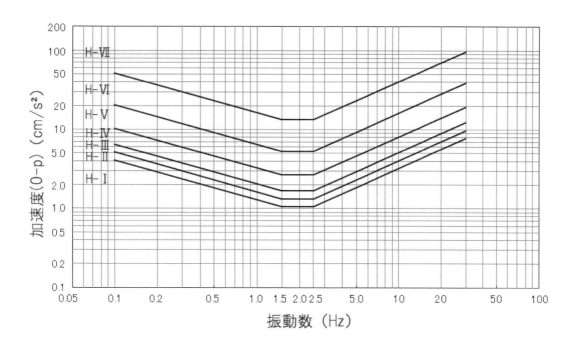

振動数 f (Hz) 評価レベル	$0.1 \leqq f < 1.5$	$1.5 \leqq f < 2.5$	$2.5 \leqq f \leqq 30$
H-Ⅶ	$16.3 f^{-0.5}$ 以上	13.3 以上	$6.41 f^{0.8}$ 以上
H-Ⅵ	$6.51 f^{-0.5}$ 以上 $16.3 f^{-0.5}$ 未満	5.31 以上 13.3 未満	$2.55 f^{0.8}$ 以上 $6.41 f^{0.8}$ 未満
H-Ⅴ	$3.26 f^{-0.5}$ 以上 $6.51 f^{-0.5}$ 未満	2.66 以上 5.31 未満	$1.28 f^{0.8}$ 以上 $2.55 f^{0.8}$ 未満
H-Ⅳ	$2.06 f^{-0.5}$ 以上 $3.26 f^{-0.5}$ 未満	1.68 以上 2.66 未満	$0.807 f^{0.8}$ 以上 $1.28 f^{0.8}$ 未満
H-Ⅲ	$1.63 f^{-0.5}$ 以上 $2.06 f^{-0.5}$ 未満	1.33 以上 1.68 未満	$0.641 f^{0.8}$ 以上 $0.807 f^{0.8}$ 未満
H-Ⅱ	$1.30 f^{-0.5}$ 以上 $1.63 f^{-0.5}$ 未満	1.06 以上 1.33 未満	$0.509 f^{0.8}$ 以上 $0.641 f^{0.8}$ 未満
H-Ⅰ	$1.30 f^{-0.5}$ 未満	1.06 未満	$0.509 f^{0.8}$ 未満

(単位：cm/s^2)

図3　定常的な水平振動に関する性能評価図

表2　定常的な水平振動の評価レベルの説明

評価の観点 評価レベル	不安感	不快	知覚
H-Ⅶ	かなり不安を感じる	かなり不快である	ほとんどの人が知覚する
H-Ⅵ	わりと不安を感じる	わりと不快である	ほとんどの人が知覚する
H-Ⅴ	あまり不安を感じない	あまり不快でない	大半の人が知覚する
H-Ⅳ	あまり不安を感じない	あまり不快でない	大半の人が知覚する
H-Ⅲ	まったく不安を感じない	まったく不快でない	大半の人が知覚しない
H-Ⅱ	まったく不安を感じない	まったく不快でない	わずかな人しか知覚しない
H-Ⅰ	まったく不安を感じない	まったく不快でない	ほとんどの人が知覚しない

建築物などの居住性能あるいは使用性能などの評価に適用する，定常的な水平振動の評価レベルは，フーリエ解析などの周波数分析結果から得られる卓越振動数と加速度時刻歴の最大値，あるいは振動の 1/3 オクターブバンド分析結果から得られる各バンドの中心周波数と加速度振幅の最大値を図 3 に示す性能評価図に照合することにより行う．

a. 卓越振動数と加速度最大値による照合方法

卓越振動数と加速度時刻歴の最大値(0-p，単位 cm/s²)を性能評価図に照合する場合，卓越振動数はフーリエ解析などの周波数分析により求める．このとき，定常的な振動を示すのに十分な評価時間長さと，照合する卓越振動数が評価できる十分なサンプリング間隔の加速度時刻歴が必要となる．

加速度最大値は，定常的な振動として十分な評価時間長さでの最大値として求める．

建築物の水平振動は，建築物に弱軸方向と強軸方向があるように，振動する並進方向により卓越振動数が異なる場合が多く，さらにねじれ振動の振動数も必ずしも一致しない複雑な振動となる．そのため，加速度最大値がどの卓越振動数に依存するか明白でない場合が多い．各方向の卓越振動数が大きく異なる場合には，各成分の加速度最大値が同時に発生することは稀になるため，振動方向別に評価してもよい場合が多いようである．この場合は，各成分の卓越振動数と加速度最大値を評価性能図と照合する必要がある．

各方向の卓越振動数が近接している場合や，合成した振動として評価する場合などは，厳しい(安全側)評価となるように，加速度最大値に対して評価レベルが大きくなる卓越振動数により評価することを考える必要がある．

b. 1/3 オクターブバンド分析結果による照合方法

応答加速度波形の 1/3 オクターブバンド分析結果から得られる各バンドの中心周波数における加速度最大値を性能評価図と照合し，その値がすべての周波数帯域においてある評価レベルを下回るとき，その最小の評価レベルを適用する，3.1.1(2)a で述べた接線法により評価する．

現場測定のように，上記のような分析ができない場合などで，JIS C 1513 : 2002[4]に規定されている 1/3 オクターブバンド分析器を使用する場合には，衝撃信号用時定数(10ms)を用いることが望ましいが，時定数 Fast(125ms)として得られる RMS 値を用いる場合には，これに適切なピークファクターを乗じて，RMS 値から最大値に変換したものを性能評価図と照合することとする．なお，ピークファクターについては，3.1.1(2)b で述べた解説を参照されたい．本手法では複数の卓越振動が複雑に作用していても，卓越振動数に関係なく評価が可能である．ただし，高振動数成分が含まれたような加速度波形の場合，卓越振動数成分に高振動数成分を加えた振幅を読み取ることになるため，a で前述した最大値による評価の場合は，1/3 オクターブバンド分析に比べて大きめの評価になる可能性があるが，大きめになるため，厳しい(安全側)評価と考えることができる．

1/3 オクターブバンド分析を適用する方法は，主に交通振動のような外部振動源によって生じる水平振動に対して適用されている．

なお，前項 a および b のように周波数分析が困難な場合は，加速度の最大値と最大値が得られた時点近傍における卓越振動数を性能評価図に照合して評価することもできる．た

だし，評価した加速度最大値は卓越振動数以外の振動数成分を含むため精度は悪く，厳しい(安全側)評価となる．

c. 既往研究における水平振動の知覚閾と心理量の評価

指針第2版(2004)発刊以降の研究の調査(主に2000年)から，環境振動評価に関するものを中心として約800の文献や資料を収集した．その中でも，感覚評価に関するものとして210文献，特に水平振動感覚に関わる研究をレビューすると104文献を数えた．それらの文献を整理すると，表3.1.2.1のようになる．さらに，指針第1版(1991)と第2版(2004)，ならびに本会刊行の「居住性能に関する環境振動評価の現状と規準」(2000)[9]に収録されている39文献も対象に加え，新たな居住性能評価指針のあり方やその具現化について検討した．

表 3.1.2.1　水平振動感覚評価に関する既往研究の分類

感覚評価	知覚閾	体感知覚
		視覚知覚
		聴覚知覚
	心理量	限界評価
		大きさ
		不快感
		不安感
		形容詞による表現の評価領域
		その他(苦情，生理的心理的変調，嫌悪感)
	行動支障・作業難度	歩行状態
		支障感
		片足立位
		注水作業
		行動難度
	性能評価	性能ランク
		説明性・説明資料

ここでは特に，定常的な振動に関する評価について述べる．ここで示された評価は，以下のような手順と判断に基づいて設定されている．

水平振動に関する評価規準では，定常的な振動に関する多くの研究成果を活用し，振動を感じるか否かに関する知覚特性や，心理的に不安を感じるか，どれほど不快かなどの心理特性に関する知見に着目する．建築環境および居住環境に対するより多くの感覚評価から本規準を裏付けることで，設計者などの利用やその判断に資することとした．

① 知覚（閾値）

定常的な水平振動に対する体感知覚に関する研究は，対象文献の中でも蓄積が多い．図3.1.2.3は，対象文献のうちの学術的な研究において平均値や知覚確率などによって提示された結果を重ね書きしたものである．振動数として比較的広範囲にわたる事例が確認された．80Hzまでを対象としたものや300Hz，315Hzにまで及ぶものもみられる．

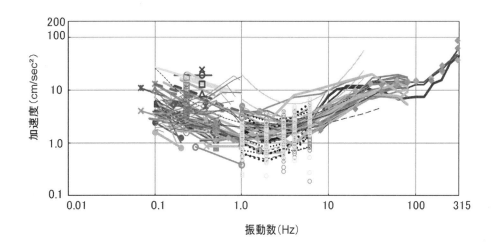

図 3.1.2.3 水平振動(定常)の体感知覚に関する学術研究の結果

これらの体感知覚に関する研究成果をできるだけ多く活用するべく，知覚確率が算出できる文献を抽出した．それらの結果から知覚確率 10，50，90％として二次回帰曲線を求めたものが図 3.1.2.4 である．比較的研究事例が多い 0.1〜40Hz までの振動数を対象として回帰した．文献における実験条件設定をはじめとする研究手法は多岐にわたる．そこで条件整理により，特に平均知覚閾またはそれに相当する値に着目し，その中でも検査員数の情報が得られる研究結果を用いた回帰により，学術研究に基づく体感知覚の性能評価曲線とした．具体的な算定方法は，対象範囲とした振動数を対数で均等に分割し，それぞれの振動数に対応する実験結果を検査員数で重み付けした上で平均化している．その上で，図の上部に示した対象者に基づく実験結果を二次回帰した．図中には回帰に使った振動数ごとの値(平均)を知覚確率ごとにプロットした．

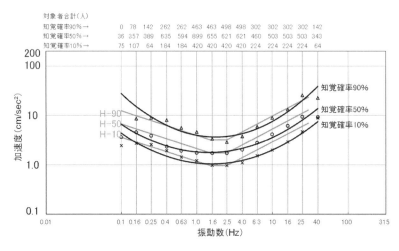

図 3.1.2.4 学術研究に基づく水平振動(定常)の体感知覚に関する性能評価曲線

対象とした文献は，全部で 17 文献[10)-26)]である．この結果は，振動体感者に関する情報(性別や年齢など)や，体感知覚の検出方法(知覚を知らせる合図やアンケートによる回答など)，その他さまざまな条件を包含した結果であることに注意が必要である．

同図に指針第2版(2004)の評価H-10, 50, 90を付記したが, 第2版では正弦振動による実験結果を主体にしながらも非定常性を加味している. したがって, これらを直接的に比較できるものではないことに注意が必要である.

知覚確率曲線を描くにあたっては, 文献調査の結果より得られた知見を極力活用する方針をとった. そのため, 知覚確率ごとに対象文献が異なることになり, 回帰対象の人数も振動数ごとに異なる. 図3.1.2.4の上部に振動数ごとの対象者数を記したが, その詳細は以下のとおりである. 知覚確率50%では, 文献調査で得られた平均値や知覚確率50%, あるいはこれに相当する値の記載がある実験結果に基づいた. 図には, この知覚確率50%における検査員数を示している. また知覚確率10%と90%においては, 先の17文献のうちの6文献15),22)-26)から導いた.

② 心理量

知覚に関する文献が多くみられる一方, 不快感や不安感などの心理量に関する知見も少なからずみられる. 文献27)を基にそれぞれの心理量(不快感・不安感・大きさ・限界評価)に関する評価曲線を図3.1.2.5にまとめた.

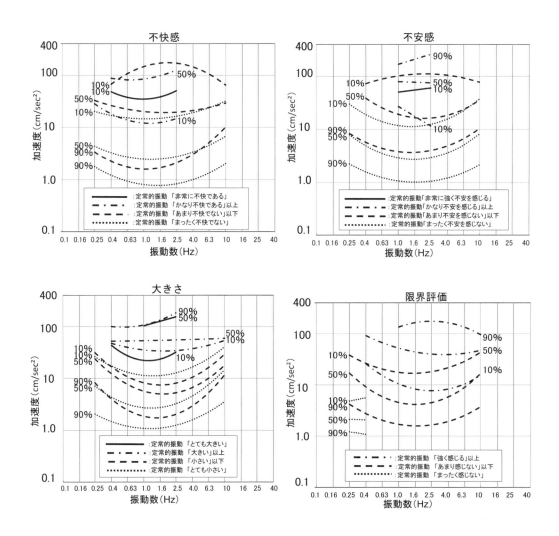

図3.1.2.5 定常的な振動に関する心理評価曲線

d. 性能評価図および評価レベル設定の根拠

上記の環境振動に関する知覚と心理量の関係をふまえ，性能評価図および評価レベル設定の根拠について解説する．

文献 28)にみられるような振動に対して生じる，人間のさまざまな心理的反応のばらつきに着目し評価した研究を参考に，振動数 0.25，0.4，1.0，2.5，10Hz における 4 つの感覚評価尺度(不快感・不安感・大きさ・限界評価)の被験者実験による回答率を縦軸とし，横軸を加速度にしたものを図 3.1.2.6 に示す．縦軸は正弦水平振動実験によるアンケート(評価 1〜5)における回答の累積である．評価尺度として，限界評価では振動を感じるか，耐えられるかなどの感覚限界を問うている．大きさは振動を感じた大きさ，不快感と不安感は，それぞれ振動に対する不快感と不安感がどの程度かを表現する尺度としたものである．同図には，感覚量と同様に図 3.1.2.4 の知覚確率曲線から得られた振動数ごとの結果を用いた二次の回帰曲線も重ねた．

図中では，線の種類で各評価対象における心理評価レベルの違いを示している．同じ線種の場合には心理評価の段階が等しいことを示す．これらの評価の推移を表す近似曲線を比較検討し，評価方法や評価対象の違いによる感覚の対応関係を位置付けることができる．

知覚と心理量の評価を一覧にすることで，振動の感覚評価を多角的にとらえることができ，評価対象の建築環境を居住者や執務者がどのように感じるかが明確になるとともに，建築主との目標性能の設定過程での設計者などの参考にもなろう．

上記の知覚と心理量の関係をふまえ，水平振動に関する居住性能評価について検討した．まず，定常的な振動に対する知覚に基づく性能ランクについての実験研究 29)を参考に加速度が小さい範囲についての評価を検討した．文献 29)には，住宅を想定した水平振動の性能グレードと事務所(学校)を想定した水平振動の性能グレード(図 3.1.2.7 参照，図中の破線は指針第 2 版(2004)の知覚確率を表す)が示されている．これらを参考に，感覚や心理特性を示した図 3.1.2.6 に水平振動の性能グレードを重ね書きした．水平振動の場合は住宅と事務所(学校)の感覚特性に違いがほとんどないことから，これらの平均を図の左から 4 本の破線矢印で示した．加速度が大きい範囲では，例えば①約半数が不安を感じる加速度(実験での不安を感じる以上の回答確率 50%)，②約半数が不快を感じる加速度(不快である以上の回答確率 50%)を図 3.1.2.6 に付記した(図の右側 2 本の破線矢印)．このとき，0.25Hz については，それぞれの回答確率 50%相当になる実験がないため，同図の「不快である」，「不安を感じる」以上の回答曲線を外挿して求めている．

さらに，上で示した図 3.1.2.6 の 6 本の破線矢印の加速度を，図 3.1.2.4 の知覚確率を元図にした図 3.1.2.8 の振動数－加速度軸上にプロットしたものを二次回帰し，それから図 3.1.2.6 の加速度－回答確率軸上に戻したのが同図の実線矢印である．また，不快や不安の平均を一つの境界とし，最終的に 5 本の太線矢印を境界とし，図 3.1.2.6 の加速度が小さい方から評価 I 〜VI とした．

図 3.1.2.8 の評価図を指針第 2 版(2004)との連続性，さらには設計者に使いやすくするためにトリリニアに表現したのが図 3.1.2.9 の破線である．ここで，図 3.1.2.9 に破線で示した評価II〜Vの縦軸の幅を割合で示すと，評価II：3.8dB，評価III：4.1dB，評価IV：6.3dB，評価V：8.4dB となっている．環境振動評価の対象をさらに分化するために評価IIを二分割し，H-II：2dB，H-III：2dB，H-IV：4dB，H-V：6dB，H-VI：8dB の幅に数値を整え

たものが図 3.1.2.9 の実線であり，これを性能評価図に適用した．それら境界の評価式も同図に付記した．

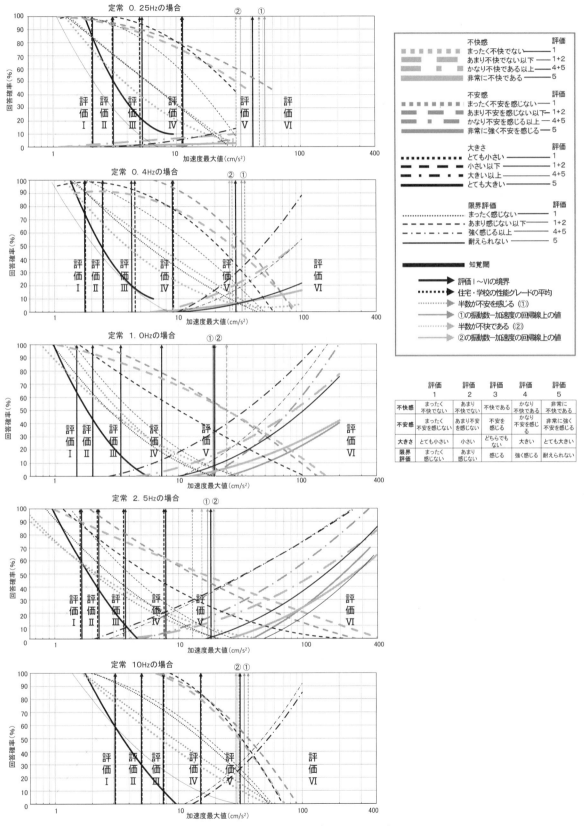

図 3.1.2.6 定常的な振動に関する評価図

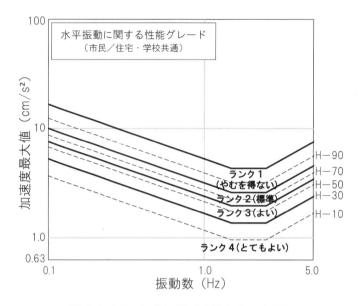

図 3.1.2.7　知覚に基づく性能ランク [29]

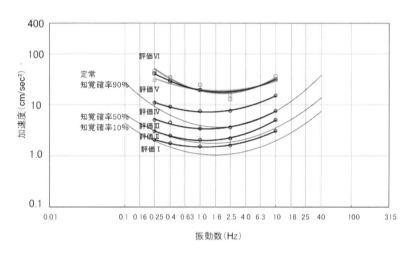

図 3.1.2.8　定常的な振動に関する評価図

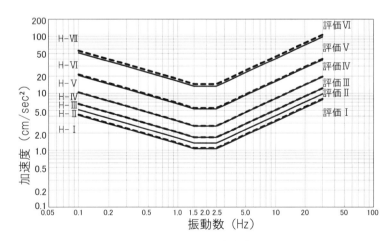

振動数 f(Hz) 評価	$0.1 \leq f < 1.5$	$1.5 \leq f < 2.5$	$2.5 \leq f \leq 30$
H-Ⅰ—Ⅱの境界	$1.30f^{-0.5}$	1.06	$0.509f^{0.8}$
H-Ⅱ—Ⅲの境界	$1.63f^{-0.5}$	1.33	$0.641f^{0.8}$
H-Ⅲ—Ⅳの境界	$2.06f^{-0.5}$	1.68	$0.807f^{0.8}$
H-Ⅳ—Ⅴの境界	$3.26f^{-0.5}$	2.66	$1.28f^{0.8}$
H-Ⅴ—Ⅵの境界	$6.51f^{-0.5}$	5.31	$2.55f^{0.8}$
H-Ⅵ—Ⅶの境界	$16.3f^{-0.5}$	13.3	$6.41f^{0.8}$

図 3.1.2.9　定常的な水平振動に関する性能評価図の位置付け

また，本規準の性能評価図と指針第 2 版(2004)の性能評価曲線を比較したのが図 3.1.2.10 である．同図に基づき，H-Ⅰ～H-Ⅶの評価レベルと知覚確率との対応をまとめたのが図 3.1.2.11 である．

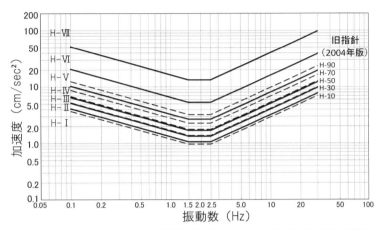

図 3.1.2.10　本規準の性能評価図と指針第 2 版(2004)における性能評価曲線との比較

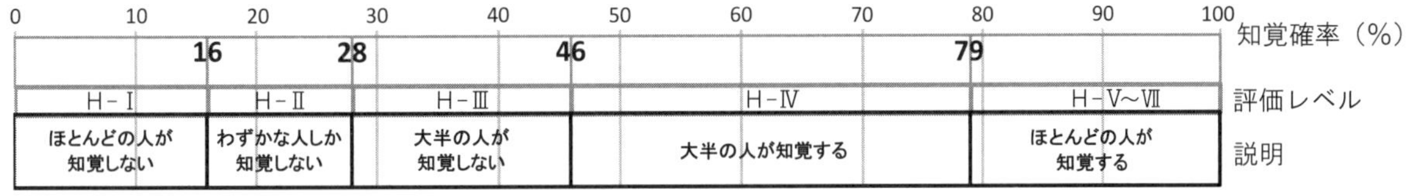

図 3.1.2.11　評価レベルと知覚確率との対応およびその説明

　環境振動の評価対象の範ちゅうが評価レベルの数値の小さい方にシフトしていることも考慮して，知覚評価の説明として，知覚確率が約 0～15，16％程度の範囲を「ほとんどの人が知覚しない」領域とし，対照的に約 80～100％の範囲を「ほとんどの人が知覚する」領域とした．さらに，約 15～30％の知覚を「わずかな人しか知覚しない」，約 30～45％を「大半の人が知覚しない」とした．一方，45～80％程度をまとめて「大半の人が知覚する」とした．これら考え方を図示したのが図 3.1.2.11 である．これに基づき，水平振動の性能評価レベルの知覚の説明として規準本文表 2 の右欄に示した．

　表 2 左欄の不安感と不快については，カテゴリーの尺度化[30]を用いて，既往研究[31]から得られた検査員個々の不安感および不快それぞれの評価の結果を図 3.1.2.12 に示した．同図には性能評価図も重ね書きした．これから，各性能評価レベルの不安感および不快の評価を読み取り，性能評価レベルの説明として表 2 にまとめた．H-Ⅰ～H-Ⅲは「まったく不安を感じない」「まったく不快でない」，H-Ⅳ～H-Ⅴは「あまり不安を感じない」「あまり不快でない」，H-Ⅶは「かなり不安である」「かなり不快である」がおおむね対応している．H-Ⅵについては，参照した文献 31)では「不安を感じる」「不快である」におおよそ対応しているが，副詞に関する文献 32)を参照して同程度の副詞表現を付し「わりと不安を感じる」「わりと不快である」とした．

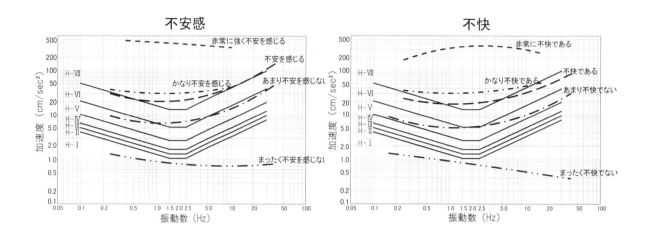

図 3.1.2.12　不安感および不快の評価結果と性能評価図の関係

3.2　非定常的な振動の評価方法

非定常的な振動とみなされる場合は，鉛直振動の場合 3.2.1，水平振動の場合 3.2.2 に示す方法にしたがって評価することができる．

3.2.1　鉛直振動
(1)　適用対象

建築物の床などに生じる非定常的な鉛直振動を評価する場合に適用する．

非定常的な振動に該当する床の鉛直振動として，歩行，小走りなど床上での人間の日常的な動作により発生する振動や，建築物近傍の道路や鉄道により発生する振動，衝撃運動をする機構を有する設備機器，生産機器，建設機械により発生する振動などが挙げられる．3.2.1 の規準は，これらの振動の評価に適用する．

ただし，8 畳間程度の大きさまでの一般的な木造住宅の居室の床や，乾式二重床，フリーアクセスフロアといった二重床など，比較的剛性が低い床では，床上での人間の動作により大きな変形を伴う振動が発生する．このような振動は，変形が評価に影響するため，本規準では適切に評価できない[33]．よって，このような振動は本規準の適用対象外とする．なお，これらの振動の評価方法は，本会「床性能評価指針」[34]に記されている．

(2)　評価方法

非定常的な鉛直振動の評価は，3.1.1 の(2)に記した定常的な振動の評価と同様の方法で行う．ただし，性能評価図と照合する加速度振幅の最大値は，(3)に記す要領にしたがって低減できる．

a. 基本的な照合方法

評価に用いる振動の諸元，すなわち振動数と加速度(0-p)の求め方については，3.1.1(2)の解説を参照されたい．ただし，振動の継続時間が求められる場合は，3.1.1(2)の解説で述べた方法で得られた加速度(0-p)を，3.2.1(3)で述べる方法にしたがって低減することができる．

b. 1/3オクターブバンド分析器などを使用した照合方法

現場測定などにおいて，1/3オクターブバンド分析による最大値を算出できない場合には，JIS C 1513:2002[4]に規定されている1/3オクターブバンド分析器などを使用してもよい．1/3オクターブバンド分析器などを使用する場合には，時定数は10msを用いることが望ましい．125msを用いる場合には，適切なピークファクターを乗じる必要がある．図3.2.1.1に文献5)による交通振動(鉄道振動)と床振動(ゴムボール(衝撃力特性(2))[35]衝撃時)の例を示す．図は，各時定数と最大値の分析結果を振動加速度レベル差で表したものである．時定数が大きくなるほど，最大値とのレベル差が大きくなることがわかる．また，振動数が高くなるほど，どの時定数でも，最大値とのレベル差が大きいことがわかる．

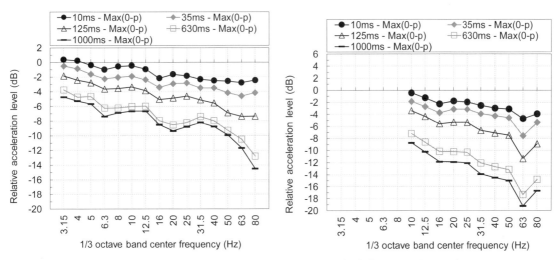

図3.2.1.1　時定数を変化させたときの振動加速度レベル差の例[5]
(左：交通振動，右：床振動)

図3.2.1.2に文献5)による種々の振動応答波形を対象に，最大値と10ms，125ms，630msの差をまとめた結果を示す．図の最大値と10msの差をみると，25Hz帯域以下では2dB(1.26倍)以内，31.5Hz帯域以上では2dB(1.26倍)～3.5dB(1.50倍)程度の差がある．ゆえに，25Hz帯域以下でも，振動数によっては最大2dB(1.26倍)程度小さく結果が出る可能性がある．図の最大値と125msの差をみると，16Hz～25Hz帯域以下では5dB(1.78倍)程度，31.5Hz帯域以上では6dB(2倍)～8.5dB(2.66倍)程度の差がある．125msの場合には，10msに比べ，最大値と大きな差になることがわかる．なお，このレベル差は図に示すように，一定ではなく，加速度波形などによって変化するので，留意が必要である．

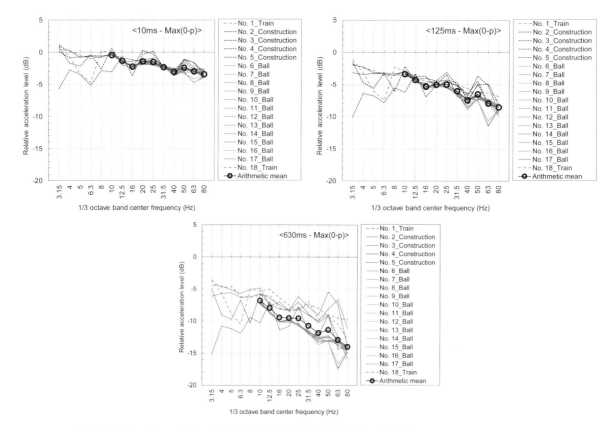

図 3.2.1.2　種々の振動応答波形を対象とした最大値と時定数 10ms, 125ms, 630ms の
振動加速度レベル差 [5]

c．性能評価図および評価レベル設定の根拠

　本規準では，定常的な振動，非定常的な振動を問わず，さまざまな性状の振動に一律に適用できる性能評価図および評価レベルの設定を指向することとした．また，その妥当性は，複数の異なる研究者による既往の研究成果 [36)-40)] との整合を図ることにより，担保することとした．

　はじめに，性能評価図の基本となる，性能評価曲線について検討した．ここで，定常的な振動に関しては，その性状から，正弦振動を対象とした既往の研究成果を比較的適用しやすいと想定できる．よって，既往の研究成果に基づいて規定された指針第 1 版(1991)および第 2 版(2004)に規定された 8Hz で傾きが変わる折れ線を，そのまま同程度の評価が得られる振動数と振幅の関係を表す等評価曲線として適用できないか，検討することとした．

　図 3.2.1.3 に，新たに定義した等評価曲線"VA 曲線"を示す．各曲線の名称内の数字は，3～8Hz における加速度振幅に相当する．ちなみに，8～30Hz では，加速度振幅に $8/f$(ここで f は振動数)を乗じた値となる．なお，図には例として 7 本の VA 曲線を示したが，VA 曲線は離散的なものではなく，例示した 7 本以外にもその間および上下に連続的かつ無限に定義されているものとする．

　定常的な振動をこの VA 曲線と照合する方法については，指針第 2 版(2004)との連続性を考慮し，1/3 オクターブバンドごとの加速度振幅の最大値と各バンドの中心振動数を照合する方法を採用した．仮に，ある評価対象振動を 1/3 オクターブバンド分析し，バンドごとの最大値を VA 曲線と照合した結果，図 3.2.1.3 に○の折れ線で示す関係が得られたと

した場合，この振動には，いわゆる"接線法"にしたがって，2.00cm/s² という値(以降"VA値"と記す)を与えることとする．以降，このようにして求められる VA 値が人間の評価と対応する"性能値"として妥当かどうかを，検討することとした．

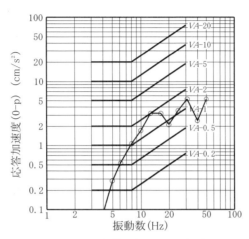

図 3.2.1.3　VA 曲線の概要と照合結果の例

一方，非定常的な振動に関しては，振動数と振幅以外にもさまざまな要因が人間の評価に影響するが，中でも最も大きく影響する要因の1つとして，振動の継続時間が想定される．よって，今回の改定では，新たに振動の継続時間を要因に取り入れた性能値を設定することとした．具体的には，振動数と振幅の最大値から求まる VA 値を，振動の継続時間 T に応じ，3.2.1(3)で述べる方法にしたがって，以下のとおり補正することとした．

・$10s \leq T$ の場合：定常的な振動と同等とみなし VA 値は低減しない．
　　$VA^* = VA$
・$1s \leq T < 10s$ の場合：T に応じて，下式にしたがって VA 値を低減する．
　　$VA^* = VA \times (T/10)^{1/4} = VA \times 10^{\{(\log T) - 1\}/4}$
・$T < 1s$ の場合：$T = 1s$ の場合と同等とみなし，下式にしたがって VA 値を低減する．
　　$VA^* = VA \times (1/10)^{1/4} = VA \times 10^{-1/4}$
　　　　ここで，VA：振動数，振幅から求まる VA 値
　　　　　　　VA^*：T に応じて低減した VA 値
　　　　　　　T：振動の継続時間(s)

なお，上記低減方法の学術的根拠や，振動の継続時間 T の求め方については，3.2.1(3)およびその解説を参照されたい．

VA 値の妥当性は，上述のとおり，種々の振動を検査試料として人間の評価との関係を検討した，複数の異なる研究者による既往の研究成果[36)-40)]に VA 値を適用することにより，検討することとした．ここで，振動に対する評価は想定する床の用途により変化するが，既往の研究では，3.1.1(2)の解説で述べたとおり，人間の評価を抽出，定量化するための官能検査時に，「住居などの床」あるいは「事務所などの床」を検査員に想定させている例が多い．また，評価の観点としては，「どの程度気になるか」，「どの程度不快か」を対象としている例が多い．よって，想定する床の用途2種×評価の観点2種＝4種の組合せごとに，官能検査結果と VA 値の関係を検討することとした．

はじめに，想定する床用途が住居などの床の場合を対象に検討を行った．図 3.2.1.4 に，評価の観点が気になり具合の場合の検討結果例を示す．また，図 3.2.1.5 に，評価の観点が不快度合の場合の検討結果例を示す．図には，異なる研究者が別々に実施した 2〜4 件の官能検査結果と VA 値の関係を●などの黒点で示した．これらの図に示すように，いずれの研究成果でも，官能検査結果と VA 値がおおむね良い対応を示していることがわかる．ここで，これらの研究では，正弦振動やそれに近い定常的な振動，歩行や道路，鉄道あるいはゴムボール落下による非定常的な振動など，さまざまな振動源による振動が対象に含まれている．すなわち，種々の振動源による性状の異なる振動を VA 値で一律に評価できることが，明らかとなったといえる．

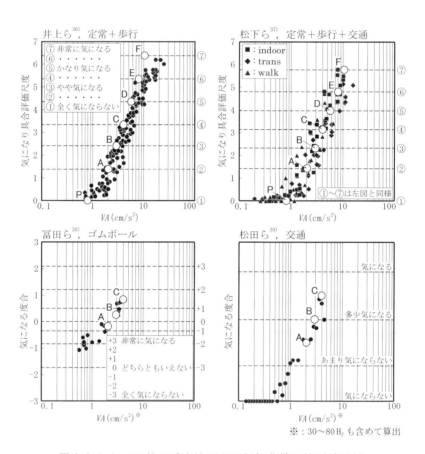

図 3.2.1.4　VA 値の妥当性および評価曲線の検討結果例
(住居などの床，気になり具合)[36)-39)]

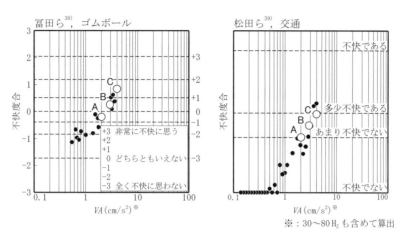

図 3.2.1.5 VA 値の妥当性および評価曲線の検討結果例(住居などの床,不快度合)[38],[39]

つぎに,気になり具合,あるいは不快度合からみた位置付けが明確な評価曲線を数水準設定することとした.例えば,図 3.2.1.4 に $VA=2.00\mathrm{cm/s^2}$ の振動を照合すると,その評価は,図中 A と記した○で示すように,それぞれ範ちゅう「②‥‥‥‥」(「①全く気にならない」と「③やや気になる」の間),「-1」と「0 どちらともいえない」の間,および「あまり気にならない」と「多少気になる」の間となる.一方,図 3.2.1.5 に $VA=2.00\ \mathrm{cm/s^2}$ の振動を照合すると,その評価は,それぞれ範ちゅう「-1」と「0 どちらともいえない」の間,および「あまり不快でない」程度となる.また,図を概観すると,気になり具合の場合も不快度合の場合も,VA 値がおよそ $\sqrt{2}$ 倍(+3dB)になると評価が 1 レベル(7 段階評価の場合)厳しい側に変化する傾向がみられることから,A から横軸の VA 値を $\sqrt{2}$ 倍ずつ,縦軸の評価を 1 レベルずつずらして,B~F と記した○をプロットした.図より,A~F の各点が,いずれの研究成果においても,対応の中心傾向とおおむね近似していることがわかる.なお,図中 P と記した○は,横軸を知覚確率 10%に相当する $VA=0.808$ $\mathrm{cm/s^2}$,縦軸を「①全く気にならない」としてプロットしたものである.

表 3.2.1.1 に,図 3.2.1.4 に示した A~F の VA 値と,各研究成果における気になり具合からの評価の関係を一覧にして示す.また,表 3.2.1.2 に,図 3.2.1.5 に示した A~C の VA 値と,不快度合からの評価の関係を一覧にして示す.これらの表に示すとおり,各研究成果における評価には共通性がみられることから,これらを総括することにより,表中最右の"位置付け"の欄に示すように評価曲線 A~F を位置付けることができる.図 3.2.1.6 に,以上の検討結果から得られた評価曲線 P,A~F と,各評価曲線の位置付けを示す.

表 3.2.1.1　*VA* 値と気になり具合からの評価の関係(住居などの床)

参考文献	井上ら[36]	松下ら[37]	冨田ら[38]	松田ら[39]	
対象振動	定常＋歩行	定常＋歩行＋交通	ゴムボール	交通	
評価水準	⑦非常に気になる ⑥‥‥‥ ⑤かなり気になる ④‥‥‥ ③やや気になる ②‥‥‥ ①全く気にならない	⑦非常に気になる ⑥‥‥‥ ⑤かなり気になる ④‥‥‥ ③やや気になる ②‥‥‥ ①全く気にならない	+3 非常に気になる +2 +1 　0 どちらともいえない -1 -2 -3 全く気にならない	気になる 多少気になる あまり気にならない 気にならない	位置付け
F曲線 (*VA*＝11.3cm/s²)	⑦程度	⑦程度			「非常に気になる」程度
E曲線 (*VA*＝8.00cm/s²)	⑥程度	⑥程度			「かなり気になる」と 「非常に気になる」の間
D曲線 (*VA*＝5.66cm/s²)	⑤程度	⑤程度			「かなり気になる」程度
C曲線 (*VA*＝4.00cm/s²)	④程度	④程度	+1 と +2 の間	「多少気になる」と 「気になる」の間	「やや気になる」と 「かなり気になる」の間
B曲線 (*VA*＝2.83cm/s²)	③程度	③程度	0 と +1 の間	「多少気になる」程度	「やや気になる」程度
A曲線 (*VA*＝2.00cm/s²)	②程度	②程度	-1 と 0 の間	「あまり気にならない」と 「多少気になる」の間	「気にならない」領域と 「気になる」領域の境界

表 3.2.1.2　*VA* 値と不快度合からの評価の関係(住居などの床)

参考文献	冨田ら[38]	松田ら[39]	
対象振動	ゴムボール	交通	
評価水準	+3 非常に不快に思う +2 +1 　0 どちらともいえない -1 -2 -3 全く不快に思わない	不快である 多少不快である あまり不快でない 不快でない	位置付け
F曲線 (*VA*＝11.3cm/s²)			
E曲線 (*VA*＝8.00cm/s²)			
D曲線 (*VA*＝5.66cm/s²)			
C曲線 (*VA*＝4.00cm/s²)	+1 と +2 の間	「多少不快である」程度	「やや不快である」程度
B曲線 (*VA*＝2.83cm/s²)	0 と +1 の間	「あまり不快でない」と 「多少不快である」の間	「不快でない」領域と「 不快である」領域の境界
A曲線 (*VA*＝2.00cm/s²)	-1 と 0 の間	「あまり不快でない」程度	「あまり不快でない」 程度

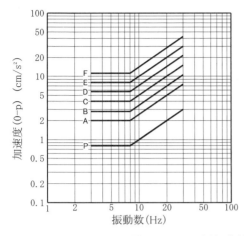

図 3.2.1.6 評価曲線と位置付け(住居などの床)

続いて，想定する床用途が事務所などの床の場合を対象に，検討を行った．図 3.2.1.7 に，評価の観点が気になり具合の場合の検討結果例を示す．また，図 3.2.1.8 に，評価の観点が不快度合の場合の検討結果例を示す．いずれの図でも，官能検査結果と VA 値がおおむね良い対応を示しており，事務所などの床を想定した場合も，種々の振動源による性状の異なる振動を VA 値で一律に評価できることが，明らかになったといえる．ここで，住居などの床を対象とした場合は，基準となる A の VA 値を 2.00 cm/s² とし，そこから VA 値を $\sqrt{2}$ 倍ずつ増加させることにより，1 レベル(7 段階評価の場合)厳しい評価と対応する B〜F が得られた．これに対し，事務所などの床を対象とした場合は，図 3.2.1.7, 8 から，基準となる A の VA 値を住居などの床を対象とした場合の 1.26 倍(+2dB)の 2.52 cm/s² とし，そこから VA 値を $\sqrt{2}$ 倍ずつ増加させることにより，同様に 1 レベル(7 段階評価の場合)厳しい評価と対応する B〜F が得られることがわかる．なお，知覚確率 10%に相当する P の VA 値は，住居などの床と同様 0.808 cm/s² としている．

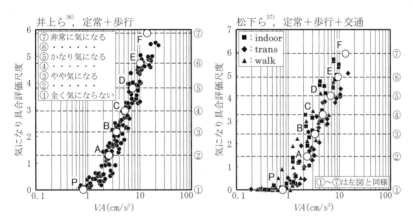

図 3.2.1.7 VA 値の妥当性および評価曲線の検討結果例
(事務所などの床，気になり具合)[36],[37]

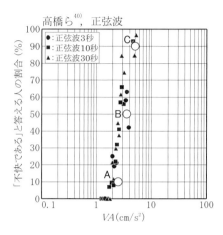

図 3.2.1.8 VA値の妥当性および評価曲線の検討結果例(事務所などの床，不快度合)[40]

表 3.2.1.3 に，図 3.2.1.7 に示した A〜F の VA 値と，気になり具合からの評価の関係を一覧にして示す．また，表 3.2.1.4 に，図 3.2.1.8 に示した A〜C の VA 値と，不快度合からの評価の関係を示す．さらに，図 3.2.1.9 に，以上の検討結果から得られた評価曲線 P，A〜F と，各評価曲線の位置付けを示す．

表 3.2.1.3 VA値と気になり具合からの評価の関係(事務所などの床)

参考文献	井上ら[36]	松下ら[37]	
対象振動	定常＋歩行	定常＋歩行＋交通	
評価水準	⑦非常に気になる ⑥‥‥‥ ⑤かなり気になる ④‥‥‥ ③やや気になる ②‥‥‥ ①全く気にならない	⑦非常に気になる ⑥‥‥‥ ⑤かなり気になる ④‥‥‥ ③やや気になる ②‥‥‥ ①全く気にならない	位置付け
F曲線 ($VA=14.2\mathrm{cm/s^2}$)	⑦程度	⑦程度	「非常に気になる」程度
E曲線 ($VA=10.1\mathrm{cm/s^2}$)	⑥程度	⑥程度	「かなり気になる」と 「非常に気になる」の間
D曲線 ($VA=7.12\mathrm{cm/s^2}$)	⑤程度	⑤程度	「かなり気になる」程度
C曲線 ($VA=5.04\mathrm{cm/s^2}$)	④程度	④程度	「やや気になる」と 「かなり気になる」の間
B曲線 ($VA=3.56\mathrm{cm/s^2}$)	③程度	③程度	「やや気になる」程度
A曲線 ($VA=2.52\mathrm{cm/s^2}$)	②程度	②程度	「気にならない」領域と 「気になる」領域の境界

表 3.2.1.4 VA 値と不快度合からの評価の関係(事務所などの床)

参考文献	高橋ら[40]	
対象振動	正弦波	
評価水準	「不快である」と答える人の割合	位置付け
F曲線 ($VA=14.2$cm/s²)		
E曲線 ($VA=10.1$cm/s²)		
D曲線 ($VA=7.12$cm/s²)		
C曲線 ($VA=5.04$cm/s²)	90%程度	「やや不快である」程度
B曲線 ($VA=3.56$cm/s²)	50%程度	「不快でない」領域と「不快である」領域の境界
A曲線 ($VA=2.52$cm/s²)	10%程度	「あまり不快でない」程度

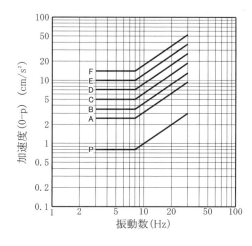

評価の観点	気になり具合	不快
F曲線 ($VA=14.2$cm/s²)	「非常に気になる」程度	
E曲線 ($VA=10.1$cm/s²)	「かなり気になる」と「非常に気になる」の間	
D曲線 ($VA=7.12$cm/s²)	「かなり気になる」程度	
C曲線 ($VA=5.04$cm/s²)	「やや気になる」と「かなり気になる」の間	「やや不快である」程度
B曲線 ($VA=3.56$cm/s²)	「やや気になる」程度	「不快でない」領域と「不快である」領域の境界
A曲線 ($VA=2.52$cm/s²)	「気にならない」領域と「気になる」領域の境界	「あまり不快でない」程度
P曲線 ($VA=0.808$cm/s²)	知覚確率10%	

図 3.2.1.9 評価曲線と位置付け(事務所などの床)

　以上の検討を踏まえたうえで, VA 値が知覚限界に相当する評価曲線 P 未満の領域を評価レベル V-Ⅰ, 評価曲線 P 以上 A 未満の領域を評価レベル V-Ⅱ, 評価曲線 A 以上 B 未満の領域を評価レベル V-Ⅲ, 評価曲線 B 以上 C 未満の領域を評価レベル V-Ⅳ, 評価曲線 C 以上 D 未満の領域を評価レベル V-Ⅴ, 評価曲線 D 以上 E 未満の領域を評価レベル V-Ⅵ, 評価曲線 E 以上の領域評価レベル V-Ⅶとして設定したうえで, 各評価レベルにおける気になり具合, 不快度合からみた評価を本文表1のとおり提示した. なお, 最も振幅が大きい評価曲線 F は, 実際の建築物での居住性能評価の範囲を逸脱していることから, 本規準では用いないこととした.

　なお, 設計時などの歩行振動の検討において, エネルギー和の考え[41]に基づいて, 1人歩行時の応答に人数の平方根を乗じて, 加振者が複数の場合の予測を行うことが多い. 例えば, 歩行者2人の結果を予測する際に, 歩行者1人の検討結果を $\sqrt{2}$ 倍する方法が広く用いられている. この観点から, VA 値が $\sqrt{2}$ 倍間隔となるよう設定されている本規準の評

価曲線 A～F は，設計との親和性についても配慮された指標になっていると考えられる．

(3) 加速度振幅の低減方法

非定常的な鉛直振動を評価する場合，図1および図2と照合する加速度振幅は，振動の継続時間に応じて低減できる．ここで，振動の継続時間は，以下に述べる VL_{10ms} が 55dB 以上となっている時間の合計とする．

VL_{10ms} は，JIS C 1510-1995 で定められている鉛直特性で重み付けられた振動加速度の RMS 値(二乗平均平方根値)を基準の振動加速度(10^{-5}m/s^2)で除した値の常用対数の 20 倍とする．振動加速度の RMS 値は，時定数 10ms の指数移動平均により求めるものとする．

図1および図2と照合する加速度振幅は，下式にしたがって算出する．

$$10\text{s} \leq T \text{の場合} : A^* = A$$
$$1\text{s} \leq T < 10\text{s} \text{の場合} : A^* = A \times 10^{\{(\log T)-1\}/4}$$
$$T < 1\text{s} \text{の場合} : A^* = A \times 10^{-1/4}$$

ここで，A ：各バンドの加速度振幅の最大値
A^*：図1，2と照合する各バンドの加速度振幅
T ：振動の継続時間(s)

図4に，A^*/A と T の関係を示す．

なお，VL_{10ms} が 55dB 未満となっている時間が 5s 以下の場合，その前後の振動は1つの振動として評価することとし，前後の継続時間を加算する．

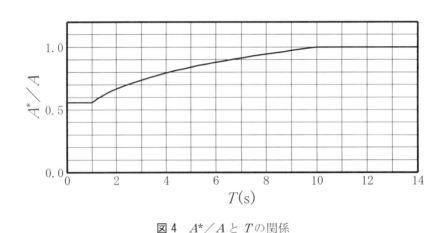

図4 A^*/A と T の関係

a. 継続時間の算出に用いる VL_{10ms} について

振動に対する人の感覚に基づいて，ある一定以上の感覚的な反応が生じている継続時間を算出するには，感覚の時々刻々の変化を評価できる量を得る必要がある．振動規制法で用いられる振動レベルは，この種の量である．加速度時刻歴に適用される振動数重み付け特性は，人の振動感覚の振動数依存性を反映している．振動数重み付け特性では，感覚がより鋭敏な振動数帯にはより大きい係数(重み)が与えられている．例えば，振動数が異なる2つの振動の補正加速度の大きさが等しければ，それらに対する人の振動感覚は等しい

ことを意味する．さらに，振動数重み付けされた加速度時刻歴の移動実効値を算出することにより，人の振動感覚の時間変化が表現される．最後に，得られた移動実効値をデシベル換算(対数表示)するのは，心理的な感覚量は刺激の対数に比例するという「ウェーバー・フェヒナーの法則」に基づいている．

本規準では，振動レベルをベースに，建築物の振動評価に適した量を検討した結果，移動実効値を算出する際の時定数を，振動レベル算出の際の 630ms ではなく，10ms とすることとした．検討内容については後述する．

b. VL_{10ms} の具体的算出方法

まず，計測あるいは予測された加速度時刻歴に対し，振動数重み付け特性を適用する．対象とする振動の方向に応じて，JIS C 1510-1995[42]に規定された鉛直特性あるいは水平特性を適用し，振動数重み付き加速度の時刻歴を得る．その方法については，ISO 2631-1:1997[43]や BS 6841:1987[44]が参考となる．例えば，BS 6841:1987 を参考にすると，つぎの伝達関数 $H(s)$ および表 3.2.1.5 に示す各パラメータにより，JIS C 1510-1995 に与えられた許容差の範囲内で近似することができる．なお，s はラプラス演算子で，$s = i\omega$（i は虚数単位)とおくと角振動数 ω の関数が得られる．

$$H(s) = H_b(s) \cdot H_w(s)$$

$$H_b(s) = \frac{s^2}{s^2 + \dfrac{2\pi f_1}{Q_1} \cdot s + (2\pi f_1)^2} \cdot \frac{(2\pi f_2)^2}{s^2 + \dfrac{2\pi f_2}{Q_1} \cdot s + (2\pi f_2)^2}$$

$$H_w(s) = \frac{s + 2\pi f_3}{s^2 + \dfrac{2\pi f_4}{Q_2} \cdot s + (2\pi f_4)^2} \cdot \frac{2\pi K \cdot f_4{}^2}{f_3}$$

表 3.2.1.5　伝達関数の各パラメータ

	帯域制限 $H_b(s)$			振動数重み付け $H_w(s)$			
	f_1 [Hz]	f_2 [Hz]	Q_1	f_3 [Hz]	f_4 [Hz]	Q_2	K
鉛直特性	0.8	100	0.707	1.5	5.3	0.68	0.42
水平特性	0.4	100	0.707	2.0	2.0	0.63	1.41

振動数重み付き加速度の時刻歴を得る方法には他の方法も考えられるが，その際は JIS で規定された鉛直特性および水平特性の許容限度値を満足することを確認して使用する必要がある．

つぎに，振動数重み付き加速度の移動 RMS 値を，ISO 2631-1:1997 などに示されている以下の指数時間重み付けを用いた方法により算出する．

$$A_{rms\_10ms}(t) = \left[\frac{1}{\tau}\int_{-\infty}^{t}(a_w(\xi))^2 \cdot \exp\left(\frac{\xi-t}{\tau}\right)d\xi\right]^{1/2}$$

$A_{rms\_10ms}(t)$：観測時刻 t における振動数重み付き加速度の移動 RMS 値

τ：指数時間重み付け特性の時定数(10ms)

$a_w(\xi)$：時刻 ξ における振動数重み付き加速度瞬時値

ξ：$-\infty$ で表すある過去の時刻から観測時刻 t までの積分変数(単位 s)

(実際の計算では $-\infty$ を 0 に置き換える)

最後に，デシベル換算を以下の式により行う．

$$VL_{10ms}(t) = 20\log_{10}\frac{A_{rms\_10ms}(t)}{A_0}$$

$$A_0 = 10^{-5}\ \mathrm{m/s^2}\quad(基準加速度)$$

c. 継続時間による低減の根拠

振動の継続時間が長くなると，振動に対する不快感といった人の心理的な反応が大きくなることは容易に想像できる．このような時間依存性を定量的に評価するための研究は，乗り物の乗り心地評価を目的としたものをはじめとして 1950 年代から行われており，さまざまな時間依存性の評価方法が提案されてきた [45]．そのうち，本規準で採用した 1/4 乗則(加速度 a，振動継続時間 T_D とすると，$aT_D{}^{1/4}$ が一定であれば，反応は同程度)は，1/4乗則を用いた ISO などの VDV(Vibration Dose Value)につながる考え方である．ここでは，1/4 乗則の根拠となる研究結果を示す．

図 3.2.1.10 に，文献 46)において，異なる継続時間の正弦振動に対して得られた，振動継続時間が振動の大きさの判断に与える影響に関する結果を示す．図では，異なる継続時間の正弦振動を連続正弦振動(継続時間 3s(10Hz 以上)あるいは 6s(10Hz 以下))と同等の大きさに感じる際の振幅を，連続正弦振動の振幅に対する比で示している．連続振動と同等の大きさに感じる振幅は，継続時間の増加とともに減少し，継続時間が 2〜4s 程度以上になると継続時間の影響がなくなる傾向が認められる．なお，この結果は，JIS の振動レベル算出に用いられる時定数 630ms の根拠になったもので，図中の"JIS"の曲線が振動レベルによる継続時間の影響の評価を示す．また参考に，ISO による評価も示している．さらに，加速度の大きさ a と振動継続時間 T_D の 1/4 乗の積が一定の際に人の反応が等しくなるとする評価も示している．図 3.2.1.10 では，振動継続時間の影響は，特に 0.1s 以上の継続時間においては，1/4 乗則による評価が，振動の大きさに与える継続時間の影響をより適切に評価できていると判断できる．

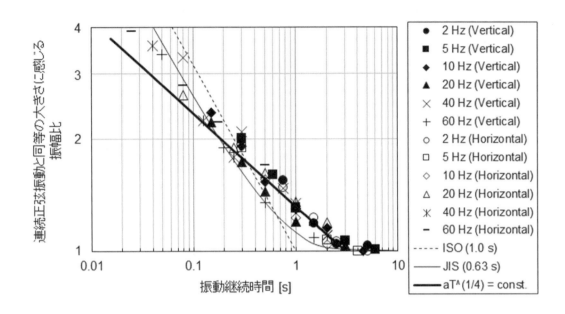

図 3.2.1.10 異なる継続時間の正弦振動に対する心理的な振動の大きさの評価 [46].
ISO, JIS および $aT_D{}^{1/4} =$ 一定の評価方法による継続時間の影響評価.

文献 47)では，4, 8, 16, 32 Hz の正弦振動の継続時間を 1/32s から 32s まで変化させることによって，振動不快感に与える振動継続時間の影響について検討している．その結果，継続時間の影響は，振動数によって異なるが，いずれの振動数においても，加速度の RMS 値(二乗平均平方根値)によって表される 1/2 乗則($aT_D{}^{1/2} =$ 一定)による評価よりも，継続時間の影響度合いは小さいことが示されている．この結果を踏まえ，文献 47)では，RMS 値による評価に対する簡易な代替案として，1/4 乗則に基づく評価が提案されている．

文献 48)では，鉄道による建物振動の発生頻度が，振動によるアノイアンスの判断に与える影響の評価について検討している．実験室内の振動試験機を用いて，ある鉄道 1 編成通過時の振動を再現し，その発生頻度を 1 時間あたり 4, 8, 16, 32 回と変化させた実験を実施したところ，1/4 乗則の評価に近い結果が得られたことが報告されている．さらに，別の実験では，1 時間の評価時間内に発生させる鉄道振動の大きさと頻度を適宜変化させ，$aT_D{}^{1/2} =$ 一定 および $aT_D{}^{1/4} =$ 一定 の条件を複数設定したところ，検査員のアノイアンスの判断は $aT_D{}^{1/4} =$ 一定 の条件の場合にほぼ一定となる結果が得られている．

文献 49)では，1 自由度振動系の減衰振動波形を用いて，衝撃的な振動に対する振動不快感の評価法を検討している．まず，振動系の非減衰固有振動数を 1, 4, 16 Hz，減衰定数を 0.125, 0.250, 0.707 に設定した波形の振幅を変化させた条件で実験を実施し，1/4 乗則による評価の妥当性を確認している．さらに，乗り物内で測定された衝撃的な波形を用い，その振幅と発生頻度を変化させることで設定した $aT_D{}^{1/2} =$ 一定 および $aT_D{}^{1/4} =$ 一定 の条件の下での実験によっても，1/4 乗則の妥当性が確認されている．

本規準作成にあたって，近年，日本建築学会でも 1/4 乗則の妥当性の確認が鉛直振動[37),50),51]，水平振動[52]に対してそれぞれ行われている．文献 50)は，比較的剛性の高い木造大スパン床で発生する歩行振動が，「歩き始めから終わりまでの床の固有振動数での振動が継続時間の長い 1 つの連続した振動として感じられる」ことに着目し，継続時間の影響を

1/4 乗則で評価した性能値が心理学的尺度との対応が良いことを示している. 文献 37)では, 定常振動, 歩行振動, 交通振動を含む種々の振動源による鉛直振動の評価において, 文献 50)と同様に, 継続時間の影響を 1/4 乗則で評価した性能値が心理学的尺度との対応が良いことが示されている. また, 文献 51)は, コンクリート床を衝撃加振した際に生じる衝撃振動の回数が振動感覚に与える影響に着目し, 衝撃振動の回数を 1/4 乗則に対応する方法で考慮した振動応答物理量が感覚度合と対応が良いことを示している. 水平振動についても, 交通振動や建設作業振動を用いた種々の振動に対する評価の検討を行った文献 52)において, 1/4 乗則で継続時間の影響を考慮した評価の有効性が示されている.

d. 継続時間算出の際の時定数 10ms について

本規準での継続時間 T は, 振動の物理的な継続時間ではなく, 人の振動知覚が継続している時間として定義している. そのために, 人の振動感覚の時間変化を表現することを目的として, 振動数重み付けした加速度の移動実効値を用いており, その算出の際の時定数として 10ms を用いることとしている(本文中の VL_{10ms}). この時定数の値は, 振動規制法で用いられる「振動レベル」を算出する際の時定数である 630ms とは異なる. これは, 本規準策定を目的とした検討において, 建築物における振動の場合, 630ms より短い時定数の方が振動継続時間の影響をより適切に評価できるとの結論に至ったことによる.

上述の文献 37),50)では, 本規準の方法による継続時間の影響の評価においては, 時定数 25ms を用いた場合が最も心理学的尺度との対応が良いことが示されている. また, 文献 53)では, 単発の衝撃振動に対する振動知覚や感覚的な大きさが, 10ms や 35ms といった短い時定数での振動数重み付け加速度 RMS 値との対応が良いことが示されており, そのうち衝撃信号用動特性として一般に用いられる 10ms が, その後に実施された継続時間の影響評価の検討(文献 54)など)に用いられている. これらの鉛直振動に対する検討のほか, 水平振動についても, 文献 52)の実験データを用いた検討 55)において, 10ms を用いた継続時間により加速度振幅を低減することで, 低減前より心理学的尺度との対応が良くなる結果が得られている.

このように, 既往の研究では, 必ずしも時定数 10ms が最適値との知見が得られている訳ではないが, 各研究で最適値, あるいは最適値と同程度の心理学的尺度との対応が得られた値として報告されている 10ms を, 本規準で用いる時定数とした.

e. 継続時間算出の際の VL_{10ms} の参照値 55dB について

継続時間 T 算出の際に, ある一定値以上の大きさの振動が生じている時間のみを考慮することとしている理由は, 瞬間的に生じるある一定以上の感覚的な反応のみが, 評価対象の振動全体に対する感覚的な反応に影響を与えると推察できることに因っている. このとき, ある一定以上の感覚的な反応をいかに定義するかは, 議論の分かれるところであるが, 本規準では暫定的に, 振動の大きさが知覚閾を超える時間すべてを加算して継続時間 T を算出する, という考え方を採ることとした. このときの知覚閾の評価として本規準では, VL_{10ms} で 55dB としている. これは, 連続正弦振動の知覚閾を測定した文献 56)において, 人が最も敏感な振動数範囲における平均的な知覚閾値として, 振動レベル 55dB 相当の値が報告されていることを参考にしたものである. ただし, 59dB[57], 60dB[37]など 55dB 以

外の値を同様の目的で用い，その妥当性を示している研究もあることを付記しておく．

f. 継続時間 $T < 1\mathrm{s}$ および $10\mathrm{s} \leqq T$ の場合について

本規準では，加速度振幅を低減する方法を継続時間 T の範囲によって2種類提示している．すなわち，$1\mathrm{s} \leqq T < 10\mathrm{s}$ の場合は 1/4 乗則を適用し，$T < 1\mathrm{s}$ の場合は 1/4 乗則を適用せず，一定の係数（$10^{1/4} \approx 0.562$）を持って低減することとしている．これは，継続時間 T が短い場合は，振動の評価が加速度振幅 A のみに依存するとの仮定に基づく．加速度振幅 A を低減する際に 1/4 乗則を適用する継続時間 T の下限値を $1\mathrm{s}$ としたのは，文献 50) や 57) での検討結果に基づいている．

一方，振動継続時間が長くなると，人の判断に与える継続時間の影響は相対的に小さくなってくる知見も得られている．振動継続時間 T_D が 64 分までの範囲において振動不快感を検討した文献 58),59) では，振動継続時間 T_D の影響は $aT_D^{1/12} =$ 一定から $aT_D^{1/18} =$ 一定の関係で評価できる程度であることが示唆されている．この研究では，正弦振動と乗物上で測定された振動が入力振動として用いられている．また，文献 38),57) では，継続時間 T が 10 分程度に至るまでの幅広い条件に対する検討により，継続時間の増加に対し，評価値 $LVmax + 20\log10(T^{1/k})$ における k の値（1/4 乗則は $k = 4$ に相当）を増加させることで，評価値と「気になる度合」や「不快度合」の評価との対応が良くなることが示されている．これらの知見を踏まえ，$10\mathrm{s} \leqq T$ の場合は，加速度振幅を 1/4 乗則で低減する方法を支持する学術的根拠が十分に得られていないと判断し，加速度振幅の低減は行わないこととした．

g. $VL_{10ms} < 55\ \mathrm{dB}$ の時間が 5s 以下の場合について

本規準で提示している加速度振幅の低減方法は，一事象としての継続時間 T が短い振動に対して適用するものであり，一事象の判断基準が必要となる．そこで，本規準では，低減方法の検討にあたって参考とした研究で用いられた振動波形などに基づき，VL_{10ms} が 55dB 未満となっている時間が 5s 以下の場合は一事象としてみなす，との判断基準を便宜的に定めた．これは，参考とした研究における官能検査時の検査員の感想などから，5s 間隔が開くと，大部分の検査員が前後の振動を別の振動として認識していることがうかがえたことによる．ただし，定量的な知見ではないことから，今後の研究成果や，実際の居住環境の評価への適用事例の蓄積などに基づき，必要に応じて見直すことが想定されている．

ここでは，一例として道路交通振動を対象に継続時間 T を算出した例を示す．図 3.2.1.11 は，道路交通による戸建て住宅内での鉛直振動加速度時刻歴の例である．おおよそ 100 秒間隔の信号現示パターンに応じた振動振幅の増減が確認できる．この加速度時刻歴の一部（70～90s の 20 秒間）を拡大したものが図 3.2.1.12 であり，信号現示パターンによる一連の車両通過の一部にあたる．図 3.2.1.12 の加速度時刻歴に対して VL_{10ms} を算出すると，図 3.2.1.13 が得られる．図 3.2.1.13 には，継続時間算出の際の参照値 55dB，および $VL_{10ms} \geqq 55\mathrm{dB}$ となる時間を図の上部に示している．75s～82.1s の範囲で $VL_{10ms} \geqq 55\mathrm{dB}$ となる時間があり，これらは継続時間 T の計算において加算され，その合計は 0.859s となる．75s～82.1s の範囲の前後は 5s 以上 $VL_{10ms} < 55\mathrm{dB}$ となっているため，それ以上継続時間が加算されることはなく，この例での継続時間 T は 0.859s となる．この例では，信号現示パターンによる一連の通過車両の一部に，比較的振幅の大きい振動を励起する車両が含

まれており，それらのみが振動評価に影響する場合である．しかし，例えば，大型車両の交通量が多い状況では，一連の車両通過中に $VL_{10ms}<55\text{dB}$ となる時間が 5s より長くならないことも想定され，その場合は継続時間 T において加算されることとなる．

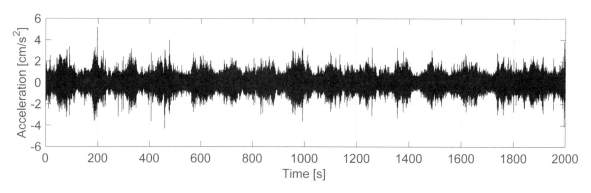

図 3.2.1.11　道路交通による建物内での鉛直振動加速度時刻歴の例

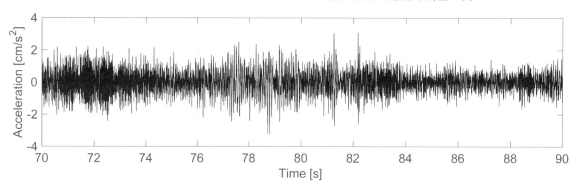

図 3.2.1.12　加速度時刻歴(図 3.2.1.11)の一部(70～90s)

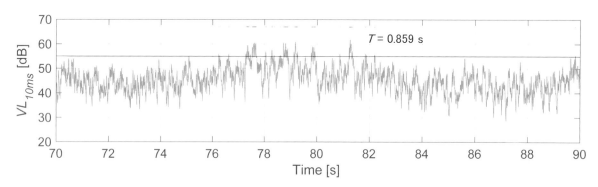

図 3.2.1.13　加速度時刻歴(図 3.2.1.12)から算出した VL_{10ms}

3.2.2 水平振動
(1) 適用対象

建築物に生じる非定常的な水平振動を評価する場合に適用する．

振動源(建物内振動源，建物外振動源，自然外力)にかかわらず，すべての建築物などで生じる非定常的な水平振動を対象とする．

非定常的な振動とは，振幅，振動数またはその両方が時間的に大きく変動する振動を指

し，間欠的な振動やパルスあるいは衝撃的な振動[60]のように，連続性を有さない振動がこれにあたる．連続性を有さないとは，VL_{10ms}の振動レベルが一定値(55dB)以上の継続時間が短い(10s未満)振動を指す．

対象とする振動数範囲は，既往の研究[52]により非定常的な振動に対する知覚程度や感覚評価が明らかになっている 1.5Hz～10Hz とする．この振動数範囲外の振動は，非定常的な振動でも定常的な振動と見なす．これは，定常的な振動に対する感覚の方が，非定常的な振動に対する感覚よりも鋭敏とされているためであり，厳しめ(安全側)の評価になるためである．なお，振動数 0.63Hz 以下では，定常的な振動でも非定常的な振動でも評価に大きな差は生じないとされている[61]．

対象とする加速度振幅の範囲は，知覚として振動を感じる人が生じはじめる程度から，不安感といった心理的な感覚も考慮できる範囲とする．

非定常的な水平振動の代表例は，外部振動源の交通振動によるものである．

交通振動の振動源には，高架あるいは平面の道路や鉄道などがあり，最近では建物内を通過する道路や鉄道・モノレールなどの軌道などもある．

道路交通により発生する振動は，車両種別，走行状態，車両整備状態，道路構造，道路保守状態など，諸条件に依存し，建築物などに伝搬する振動は周辺の地盤特性に依存するなど，地域特性を有する．

道路交通による建物内部での振動波形例を図 3.2.2.1 に示す．

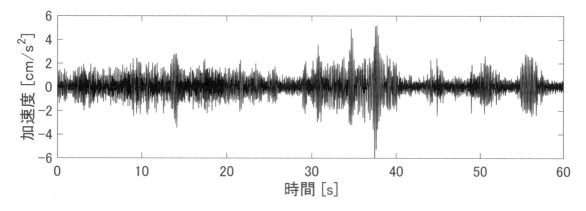

図 3.2.2.1　道路交通による建物内振動時刻歴例

(2) 評価方法

非定常的な水平振動の評価は，図5に示す性能評価図に，振動の1/3オクターブバンド分析結果から得られる，各バンドの中心周波数と加速度振幅の最大値を照合することにより行う．ただし，性能評価図と照合する加速度振幅の最大値は，(3)に記す要領にしたがって低減できる．

なお，図5中の評価レベルに対する説明は，表2に示した評価レベルの説明のうち，不快に対する説明のみを参照するものとする．

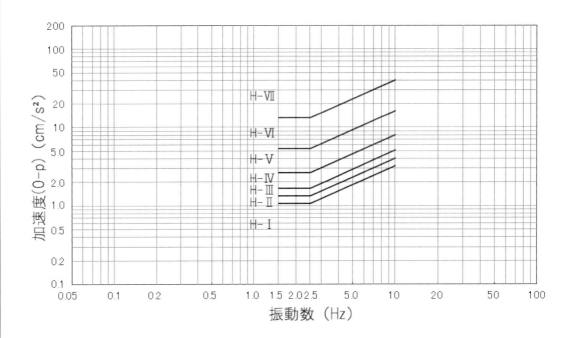

振動数 f(Hz) 評価レベル	$1.5 \leq f < 2.5$	$2.5 \leq f \leq 10$
H－Ⅶ	13.3 以上	$6.41 f^{0.8}$ 以上
H－Ⅵ	5.31 以上 13.3 未満	$2.55 f^{0.8}$ 以上 $6.41 f^{0.8}$ 未満
H－Ⅴ	2.66 以上 5.31 未満	$1.28 f^{0.8}$ 以上 $2.55 f^{0.8}$ 未満
H－Ⅳ	1.68 以上 2.66 未満	$0.807 f^{0.8}$ 以上 $1.28 f^{0.8}$ 未満
H－Ⅲ	1.33 以上 1.68 未満	$0.641 f^{0.8}$ 以上 $0.807 f^{0.8}$ 未満
H－Ⅱ	1.06 以上 1.33 未満	$0.509 f^{0.8}$ 以上 $0.641 f^{0.8}$ 未満
H－Ⅰ	1.06 未満	$0.509 f^{0.8}$ 未満

(単位：cm/s²)

図5 非定常的な水平振動の性能評価図

非定常的な水平振動に対する調査データは鉛直振動と比較するとまだ少なく，評価方法も確立していない．本規準で使用した時定数，継続時間の低減方法，低減の指標として用いた値などは，鉛直振動の研究を踏襲したものである．したがって，本規準で示した非定常的な水平振動に対する評価方法は，今後のさらなる研究による知見や，実際の居住環境の評価に対する本規準の適用事例の蓄積を踏まえ，必要に応じて見直されるべきものであ

る.

　図5の非定常的な水平振動の評価に用いる性能評価図は，図3の定常的な水平振動の評価に用いる性能評価図と比較すると，対象とする振動数範囲が異なる．定常的な水平振動に対する性能評価図が0.1Hzから30Hzの振動数範囲で定義しているのに対し，非定常的な水平振動に対する性能評価図は，その振動数範囲を1.5Hzから10Hzに限定する形で定義している．これは，本規準の3.2.2(2)および(3)で規定している非定常的な振動に対する評価法を検討する際に用いた学術的知見[52]で対象としていた振動数が，おおむねこの振動数範囲に限定されていたことによる．

　非定常的な振動の評価に用いる評価レベルおよびその説明は，定常的な振動に対するものと可能な限り同一となるようにしている．図3.2.2.2は，文献52)で実施した官能検査結果と，検査に用いた入力振動から導出される振幅との関係を検討した結果を示している．文献52)では，交通振動，工事振動の実測データに基づく3～7Hzに卓越振動数成分を持つ種々の非定常的な振動(図中●で示す)と，5Hzで振幅5段階×継続時間5段階＝25種の正弦振動(図中○で示す)を検査試料とし，検査員に不快度合に関する判断を求める官能検査を実施している．図の縦軸は官能検査結果であり，小さいほど不快であることを表す．一方，図の横軸は，検査員に入力した振動から導出した振幅であり，本規準の3.2.2(2)および(3)で規定している非定常的な振動に対する評価法により求めた決定振動数帯域の振幅を，1.5～2.5Hzの振幅に換算した振幅で，鉛直振動における VA 値に相当することから「HA 値」と記している．文献52)では，程度を表す副詞の解釈の検査員による個人差を考慮して，図の右側に記載の判断カテゴリーが用いられたため，図の上側に示した本規準の評価レベルの説明との直接的な比較は難しいが，両者が示す不快度合はおおむね対応していると暫定的に判断した．

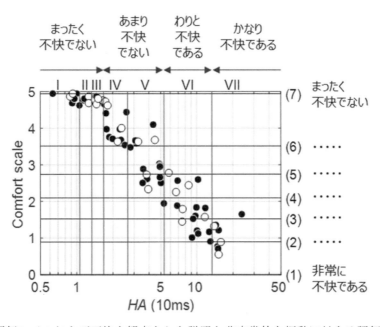

図3.2.2.2 評価レベルおよび不快を観点とした説明と非定常的な振動に対する評価法に相当する方法 (図中横軸の HA(10ms))を文献52)のデータに適用した結果の対応

(3) 加速度振幅の低減方法

> 非定常的な水平振動を評価する場合，図 5 と照合する加速度振幅は，振動の継続時間に応じて低減できる．ここで，振動の継続時間は，以下に述べる VL_{10ms} が 55dB 以上となっている時間の合計とする．
>
> VL_{10ms} は，JIS C 1510-1995 で定められている水平特性で重み付けられた振動加速度の RMS 値を基準の振動加速度(10^{-5}m/s²)で除した値の常用対数の 20 倍とする．振動加速度の RMS 値は，時定数 10 ms の指数移動平均により求めるものとする．
>
> 図 5 と照合する加速度振幅は，下式にしたがって算出する．
>
> $$10\text{s} \leqq T \text{の場合} \quad : A^* = A$$
> $$1\text{s} \leqq T < 10\text{s} \text{ の場合} : A^* = A \times 10^{\{(\log T)-1\}/4}$$
> $$T < 1\text{s} \text{ の場合} \quad : A^* = A \times 10^{-1/4}$$
>
> $$\text{ここで，} A \; : \text{各バンドの加速度振幅の最大値}$$
> $$A^* : \text{図 5 と照合する各バンドの加速度振幅}$$
> $$T \; : \text{振動の継続時間(s)}$$
>
> $A^*／A$ と T の関係は，図 4(前掲)に示している．
>
> なお，VL_{10ms} が 55dB 未満となっている時間が 5s 以下の場合，その前後の振動は 1 つの振動として評価することとし，前後の継続時間を加算する．

加速度振幅低減方法の学術的根拠については，3.2.1(3)の解説を参照されたい．

参 考 文 献

1) 日本建築学会：建築物の振動に関する居住性能評価指針・同解説，1991

2) 日本建築学会：建築物の振動に関する居住性能評価指針・同解説，2004

3) 日本規格協会：JIS A 1419-2：2000　建築物及び建築部材の遮音性能の評価方法　−第 2 部：床衝撃音遮断性能，2000

4) 日本規格協会：JIS C 1513：2002　音響・振動用オクターブ及び 1/3 オクターブバンド分析器，2002

5) 冨田隆太，松田　貫：種々の振動応答波形を対象とした時定数の違いによる考察，時定数に着目した環境振動の分析方法に関する研究：その 1，日本音響学会秋季研究発表会，pp.885-888，2017.9

6) 日野幹雄：スペクトル解析，朝倉書店，1980

7) 大熊武司，神田　順，田村幸雄：建築物の耐風設計，鹿島出版会，1996

8) 鹿嶋俊英，小山　信，大川　出：平成 23 年(2011 年)東北地方太平洋沖地震における建物の強震観測記録，独立行政法人建築研究所，建築研究資料，No.135，p.60，2012.3

9) 日本建築学会：居住性能に関する環境振動評価の現状と規準，2000

10) Morioka, M., Griffin, M.J.: Absolute thresholds for the perception of fore-and-aft, lateral, and vertical vibration at the hand, the seat, and the foot, Journal of Sound and Vibration, 314, pp.357-370, 2008

11) Yonekawa, Y., Maeda, S., Kanada, K., Takahashi, Y.: Whole-body vibration perception thresholds of recumbent subjects - part 1: Supine posture -, Industrial Health, 37, pp.398-403, 1999

12) Maeda, S., Yonekawa, Y., Kanada, K., Takahashi, Y.: Whole-body vibration perception thresholds of recumbent subjects - part 2: Effect of vibration direction -, Industrial Health, 37, pp.404-414, 1999

13) Miwa, T.: Evaluation methods for vibration effect, Part 1. Measurements of threshold and equal sensation contours of whole body for vertical and horizontal vibrations, Industrial Health, 5, pp.183-205, 1967

14) Miwa, T., Yonekawa, Y.: Evaluation methods for vibration effect, Part 9. Response to sinusoidal vibration at lying posture, Industrial Health, 7, pp.116-126, 1969

15) 中田信治, 福和伸夫: 微小振動領域における鉄骨住宅の振動特性と交通振動対策, 日本建築学会構造系論文集, 第 563 号, pp.75-82, 2003.1

16) 岡本伸久, 平尾善裕, 山本貢平, 横田明則, 前田節雄: 全身振動感覚閾値に関する検討—姿勢による違いについて—, 日本騒音制御工学会(平成 13 年度研究発表会), pp.97-100, 2001.9

17) 藤本盛久, 大熊武司, 天野輝久, 髙野雅夫: 長周期水平振動を受ける居住者の振動感覚に関する研究, —その 2. 知覚閾—, 日本建築学会大会学術講演梗概集(構造系), pp.677-678, 1979.9

18) 西村修一, 神田　順, 田村幸雄, 藤井邦雄, 大築民夫: 長周期水平振動の知覚閾に関する基礎的研究(その 3), —立位を対象とした実験結果—, 日本建築学会大会学術講演梗概集(D.環境工学), pp.323-324, 1990.10

19) 佐野行雄, 神田　順, 田村幸雄, 藤井邦雄, 大築民夫, 草加俊資: 長周期水平振動の知覚閾に関する基礎的研究(その 1), —一方向正弦波による座位と臥位の場合—, 日本建築学会大会学術講演梗概集(D.環境工学), pp.225-226, 1989.10

20) 佐藤民夫, 塩谷清人, 神田　順, 大築民夫, 田村幸雄, 藤井邦雄: 2 次元水平振動の知覚閾に関する検討, —(その 1)2 次元水平振動の判別—, 日本建築学会大会学術講演梗概集(D.環境工学), pp.311-312, 1991.9

21) 塩谷清人, 大築民夫, 藤井邦雄: 長周期振動に対する人体感覚の評価に関する研究, —正弦波水平振動に対する検討—, 日本建築学会大会学術講演梗概集(D.環境工学), pp.321-322, 1990.10

22) 石川孝重, 国松　直: 居住性能評価指針との比較による実振動の知覚に関する実験的評価, —ランダム振動に対する振動感覚の評価に向けて(その 16)—, 日本建築学会大会学術講演梗概集(D-1.環境工学 I), pp.379-380, 2010.9

23) 石川孝重, 久木章江: 複数の振動数成分が同程度に卓越するランダム水平振動に対する知覚特性に関する研究, 日本建築学会環境系論文集, 第 699 号, pp.411-417, 2014.5

24) 野田千津子, 石川孝重: 体感による水平振動の知覚閾に及ぼす影響, 日本建築学会関東支部研究報告集, 69, pp.269-272, 1999.2

25) 鈴木直子, 石川孝重, 野田千津子: 生活環境に近い状況下での水平振動感覚とその評価, —その 2　生活環境に近い条件と振動発生を予告した場合における知覚閾の違い—, 日本建築学会大会学術講演梗概集(D-1.環境工学 I), pp.325-326, 1998.9

26) 石川孝重, 野田千津子: 広振動数範囲を対象とした水平振動感覚の評価に関する検討, 日本建築学会計画系論文集, 第 506 号, pp.9-16, 1998.4

27) 野田千津子, 石川孝重: 視覚が水平振動感覚に及ぼす影響に関する研究, 日本建築学会計画系論文集, 第 525 号, pp.15-20, 1999.11

28) 野田千津子，石川孝重：揺れ性能のわかりやすい表現に関する研究，－その2　感覚のばらつきに着目した性能レベルの説明－，日本建築学会関東支部研究報告集Ⅰ，71，pp.265-268，2001.3

29) 野田千津子，石川孝重：居住者意識に基づいた水平振動に対する居住性能のグレード化に関する研究，日本建築学会環境系論文集，第75巻，第648号，pp.131-137，2010.2

30) 田中良久：心理学的測定法，東京大学出版会，第2版，pp.151-158，1977

31) 石川理都子，石川孝重，野田千津子，小泉達也：水平振動に関する居住者意識に基づいた性能ランクの設定，－その3　水平振動に対する心理評価の特性－，日本建築学会大会学術講演梗概集(D-1.環境工学Ⅰ)，pp.369-370，2009.8

32) 長野和雄：日本語の程度用語と頻度用語の高さに関する調査，日本建築学会環境系論文集，第719号，pp.9-17，2016.1

33) 横山　裕：苦情発生の有無からみた実在住宅床振動の測定条件，境界値の提示，日本建築学会構造系論文集，第546号，pp.17-24，2001.8

34) 日本建築学会：床性能評価指針，第2章8節　不振動性，pp.43-51，2015

35) 日本規格協会：JIS A 1418-2：2000　建築物の床衝撃音遮断性能の測定方法　－第2部：標準重量衝撃源による方法，2000

36) 井上竜太，横山　裕，松下仁士：振動の継続時間が居住性能評価に及ぼす影響に関する研究，日本建築学会大会学術講演梗概集(環境工学Ⅰ)，pp.377-378，2014.9

37) 松下仁士，長沼俊介，井上竜太，横山　裕：種々の加振源による鉛直振動に適用できる性能値，日本建築学会環境系論文集，第720号，pp.153-162，2016.2

38) 冨田隆太，井上勝夫，坂元美沙希：振動暴露時間の変化による物理量と振動感覚との対応，床振動測定用標準衝撃源としてのボールの有用性に関する研究：その16，日本建築学会大会学術講演梗概集(環境工学Ⅰ)，pp.369-370，2015.9

39) 松田　貫，井上勝夫，冨田隆太：実住宅床を用いた鉄道・自動車走行時の鉛直振動が人の振動感覚に及ぼす影響，日本建築学会技術報告集，第51号，pp.573-578，2016.6

40) 高橋良典，吉岡宏和，井上竜太，田中利幸：床振動に対する振動感覚，不快度評価に関する実験的研究，その1　継続時間のもたらす影響，日本建築学会環境系論文集，第620号，pp.1-7，2007.10

41) 阿部隆之，櫛田　裕，広松　猛，橋本嘉之，斉藤祐一：環境振動の予測と評価に関する研究，(その3)複数歩行振動のシミュレーション解析，日本建築学会大会学術講演梗概集(D.環境工学)，pp.3-4，1986.8

42) 日本規格協会：JIS C 1510-1995 振動レベル計，1995

43) International Organization for Standardization: ISO2631-1:1997 Mechanical vibration and shock - Evaluation of human exposure to whole-body vibration - Part 1: General requirements, 1997

44) British Standards Institution: BS 6841:1987 Guide to measurement and evaluation of human exposure to whole-body mechanical vibration and repeated shock, 1987

45) Griffin, M.J., Handbook of Human Vibration, Chapter 3, Vibration Discomfort, Academic Press, 1990

46) 三輪俊輔，米川善晴：衝撃振動の評価法(振動の評価法3)，日本音響学会誌，27(1)，pp.33-39，1971

47) Griffin, M.J., Whitham, E.M.: Discomfort produced by impulsive whole-body vibration, Journal of Acoustical Society of America, 68, pp.1277-1284, 1980

48) Howarth, H.V.C., Griffin, M.J.: Human response to simulated intermittent railway-induced building vibration, Journal of Sound and Vibration, 120, pp.413-420, 1988

49) Howarth, H.V.C., Griffin, M.J.: Subjective reaction to vertical mechanical shocks of various waveforms, Journal of Sound and Vibration, 147(3), pp.395-408, 1991

50) 横山　裕，黒田瑛一，福田眞太郎：剛性の高い床に適用する性能値に関する基礎的検討，木造大スパン床の歩行振動の居住性からみた評価方法(その2)，日本建築学会環境系論文集，第712号，pp.509-518，2015.6

51) 冨田隆太，井上勝夫，玉置祐人：衝撃振動の回数を考慮した振動応答物理量と感覚度合の対応性に関する検討，床振動測定用標準衝撃源としてのボールの有用性に関する研究：その13，日本建築学会大会学術講演梗概集(環境工学I)，pp.359-360，2013.8

52) 林健太郎，松本泰尚，嘉納裕人：水平振動の心理的反応に対する継続時間を考慮した評価方法の適用性に関する実験的検討，日本建築学会環境系論文集，第743号，pp.11-19，2018.1

53) 井田啓介，井上勝夫，冨田隆太：床の振動性能評価に用いる物理量の検討，床振動測定用標準衝撃源としてのボールの有用性に関する研究：その10，日本建築学会大会学術講演梗概集(環境工学I)，pp.335-336，2012.9

54) 坂元美沙希，井上勝夫，冨田隆太，玉置祐人：衝撃回数の変化に対する振動応答物理量と感覚度合に関する検討，床振動測定用標準衝撃源としてのボールの有用性に関する研究：その14，日本建築学会大会学術講演梗概集(環境工学I)，pp.373-374，2014.9

55) 松本泰尚：交通振動に関する評価規準案の概要，音響技術，No.180，pp.28-31，2017.12

56) 三輪俊輔，米川善晴：正弦振動の評価法(振動の評価法1)，日本音響学会誌，27(1)，pp.11-20，1971

57) 玉置祐人，井上勝夫，冨田隆太，坂元美沙希：振動暴露時間の延長による振動感覚の飽和時間と振動応答物理量に関する検討，床振動測定用標準衝撃源としてのボールの有用性に関する研究　その15，日本建築学会大会学術講演梗概集(環境工学I)，pp.375-376，2014.9

58) Kjellberg, A., Wickström, B.-O.: Subjective reactions to whole-body vibration of short duration, Journal of Sound and Vibration, 99, pp.415-424, 1985

59) Kjellberg, A., Wickström, B.-O., Dimberg, U.: Whole-body vibration: exposure time and acute effects - experimental assessment of discomfort, Ergonomics, 28, pp.545-554, 1985

60) 西阪理永，塩沢伸明，福和伸夫：平面道路と高架道路に隣接するサイトの地盤・建物振動性状の分析，構造工学論文集，Vol.45B，pp.93-101，1999.3

61) 石川孝重：水平振動の評価指針，「建築物の振動に関する居住性能評価指針」の改定にむけて，日本建築学会大会：環境工学部門パネルディスカッション資料，pp.27-36，2016.8

付　録

付 1. 鉛直振動の振動数範囲について

　本規準では，鉛直振動の上限の振動数を 30Hz とした．これは，指針第 1 版(1991)，第 2 版(2004)と同様である．30Hz を超える振動数範囲は固体伝搬音領域との境界領域となり，振動評価において固体伝搬音の影響をどのように評価するかが，今後の課題となる．ここでは，30Hz 以上の振動数の影響に関する研究報告を紹介する．今後のさらなる研究の進展に期待したい．

　文献 1)では，ゴムボールで実建物を加振し，加速度応答と知覚度合の関係を検討している．付図 1.1 をみると，測定点⑥⑦⑧で，明らかに 31.5Hz 帯域以上の加速度応答が異なり，知覚度合も同様に，大きくなっていることがわかる．また，付図 1.2 をみると，左図の 25Hz 帯域までの接線法による評価に比べて，80Hz 帯域までの評価では，人の知覚度合と対応が良いことがわかる．

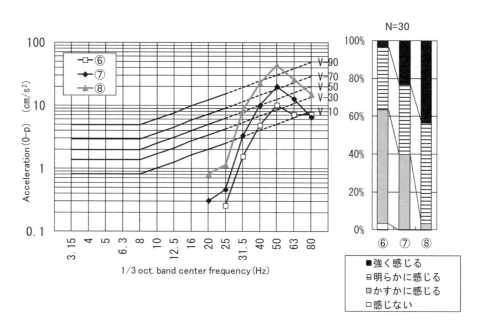

付図 1.1　30Hz 以上の振動数が卓越している加速度応答と知覚度合 [1]

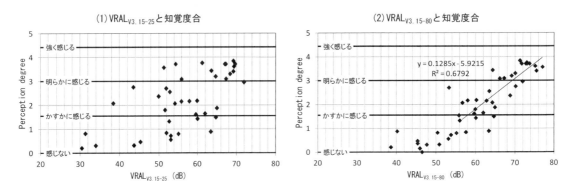

付図1.2 ゴムボール衝撃を対象とした接線法による評価振動数帯域の違いによる物理量と知覚度合の対応[1]（左：25Hz帯域までの接線法，右：80Hz帯域までの接線法）

文献2)では，新幹線および道路交通振動により，実建物の床を対象に，加速度応答と知覚度合の関係を検討している．付図1.3をみると，左図の25Hz帯域までの接線法による評価に比べて，80Hz帯域までの評価では，人の知覚度合と対応が良いことがわかる．

以上の結果は，80Hz帯域までの評価曲線について，8Hzから30Hzまでと同様に，＋6dB/octaveで延長していることを付記する．この勾配についても，今後の研究の進展に期待したい．

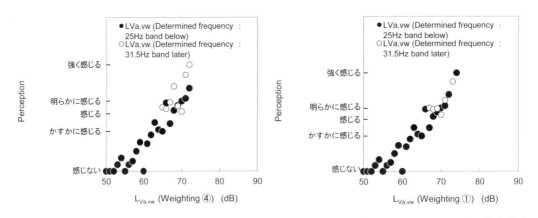

付図1.3 交通振動を対象とした接線法による評価振動数帯域の違いによる物理量と知覚度合[2]（左：25Hz帯域までの接線法，右：80Hz帯域までの接線法）

参考文献

1) 冨田隆太，井上勝夫：居住床を対象とした衝撃振動の周波数特性が人の振動感覚に与える影響，日本建築学会環境系論文集，第705号，pp.927-935，2014.11

2) 松田　貫，井上勝夫，冨田隆太：鉛直方向のランダム振動を対象とした振動感覚の周波数補正に関する検討，日本音響学会騒音・振動研究会資料，N-2016-44，pp.1-8，2016.8

付2. 1/3オクターブバンドで評価する理由と留意点

　本規準では，1/3 オクターブバンド分析結果から得られる各バンドの中心周波数と加速度振幅の最大値を性能評価図と照合することとしている(ただし，水平方向の定常的な振動に関しては，他の方法も規定している)．この 1/3 オクターブバンド分析は，振動数分析手法の１つであり，構造設計者や技術者が通常使用するフーリエスペクトルやパワースペクトルなどのスペクトル分析と比較して，振動数の刻みの粗い振動数分析と位置付けることができる．スペクトル分析は，共振する振動数を明確にすることや，伝達関数の振動数特性を表示するうえで有効である．一方，1/3 オクターブバンド分析では，振動数の刻みが粗すぎて，設計や対策立案などに供する情報としては不十分であることが，多々指摘されている．設計や対策立案のためには，対象とするべき振動数をより高い精度，すなわちより細かい刻みで把握しなければならない．ただし，この対象振動数の把握作業は，基本的に振動数成分ごとの振幅の大小の相対比較によりなされており，刻みにより変化する振幅の絶対値が議論の対象となることは稀である．

　これに対し，振動を居住性の観点から評価する場合は，当然振幅の絶対値が重要である．上述のとおり，振動数成分ごとの振幅の絶対値は振動数の刻みにより大きく変化するため，居住性能評価規準では，性能評価曲線とともに，あらかじめ振動数の刻みを明確に定義しておく必要がある．振動数の刻みとして現状で最も一般的に普及しているのは，1/3 オクターブバンドである．また，刻みが粗い分，分析機器などによる差が少なく，安定した結果が得られるというメリットもある．よって，本規準では，第 2 版に続き，1/3 オクターブバンドを踏襲することとした．ただし，これはあくまでも居住性能評価の観点から採用したものであり，設計者や技術者がものつくりの観点からより細かい刻みの振動数分析をすることを否定するものではない．

　1/3 オクターブバンド分析でしばしば問題となるのが，振動数の刻みが粗いため，卓越振動数が隣接するバンドとの境界近傍にあった場合，隣接するバンドに成分が分散され，振幅が実状より小さく評価されてしまう現象である．その例として，付図 2.1 を示す[1]．左図は，固有振動数 5.1Hz の床において，2.22Hz から 0.11Hz ごとに 2.88Hz まで，7 段階のテンポで連続跳躍した際に発生した振動の 1/3 オクターブバンド分析結果を，第 2 版の性能評価曲線と照合したものである．この場合，通常，床の固有振動数に近い 2 倍調波成分が卓越する．その結果を細かい刻みで振動数分析すると，4.44Hz から 0.22Hz おきに 5.76Hz まで，加振振動数に応じて卓越振動数が変化している様子が把握できるはずである．しかし，図に示した 1/3 オクターブバンド分析結果では，加振振動数が大きくなるにしたがって 5Hz の成分が増加し，2.55Hz で最大となり，以降は減少していることがわかる．また，この 5Hz の成分の増加，減少に応じて，前後の 4Hz または 6.3Hz の成分が減少，増加している．すなわち，卓越振動数がバンドの中心から外れ，隣接するバンドとの境界に近づくにつれ，隣接するバンドに成分が分散されていることがわかる．

　このように卓越振動数が隣接する 2 つのバンドの境界近傍にある場合は，そのまま各バンドの振幅を性能評価曲線と照合すると，過小評価となる可能性がある．このような振動を適切に評価するためには，卓越振動数の前後のバンドにおける振幅のエネルギー和を求め，この値を振幅として，卓越振動数とともに性能評価曲線と照合する必要がある．付図 2.1 の右図に，以上の方法で求めた各テンポでの加振時の振幅と卓越振動数を，性能評価

曲線と照合した結果を示す．図より，加振振動数に応じて振幅が増加，減少している様子が明確に把握できる．すなわち，上記の方法が，1/3 オクターブバンド分析の刻みの粗さに起因する問題の有効な解決方法の1つであることがわかる．なお，歩行振動を対象に同様の検討をした例として，文献 2) が挙げられる．

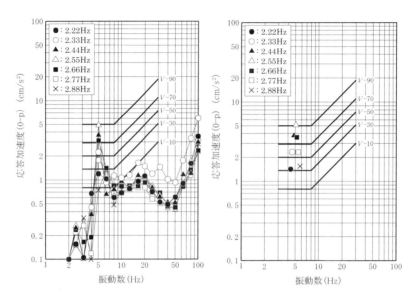

加振振動数	1/3オクターブバンド分析により求められる応答加速度【左図参照】			隣接するバンドのエネルギー和として求められる応答加速度と卓越振動数【右図参照】
	4 Hz	5 Hz	6.3 Hz	
2.22 Hz	0.67 cm/s²	1.24 cm/s²	1.03 cm/s²	1.41 cm/s², 4.44 Hz
2.33 Hz	0.45 cm/s²	2.30 cm/s²	0.91 cm/s²	2.34 cm/s², 4.66 Hz
2.44 Hz	0.37 cm/s²	3.75 cm/s²	0.66 cm/s²	3.77 cm/s², 4.88 Hz
2.55 Hz	0.37 cm/s²	4.97 cm/s²	0.96 cm/s²	5.06 cm/s², 5.10 Hz
2.66 Hz	0.19 cm/s²	3.23 cm/s²	1.41 cm/s²	3.52 cm/s², 5.32 Hz
2.77 Hz	0.12 cm/s²	1.83 cm/s²	1.43 cm/s²	2.32 cm/s², 5.54 Hz
2.88 Hz	0.10 cm/s²	0.74 cm/s²	1.36 cm/s²	1.55 cm/s², 5.76 Hz

付図 2.1　1/3 オクターブバンド分析結果と隣接するバンドのエネルギー和の比較例 [1]

　また，別の例を付図 2.2 に示す．図は，固有振動数 9Hz の事務所の床において，4倍調波共振が発生するよう，9Hz の 1/4 の 2.25Hz で歩行した場合の加速度・時間曲線である．図に▼で示すように，加速度振幅の最大値は 19.6cm/s^2 である．また，図に●で示す点からゼロクロッシング法(3.1.1(2)c. 参照)により求めた卓越振動数は 9Hz である．

　付図 2.3 に，上述の方法で加速度・時間曲線から求めた加速度振幅の最大値と卓越振動数を加速度振幅・振動数平面上にプロットした結果を▲で示す．図には，同じ加速度・時間曲線の 1/3 オクターブバンド分析結果も○で示した．この例では，卓越振動数が 8Hz と 10Hz のバンドの境界近傍の 9Hz であるため，1/3 オクターブバンド分析結果では卓越振動数成分が2つのバンドに分散している．具体的には，8Hz が 9.8cm/s^2, 10Hz が 11.6cm/s^2 となっており，図 3.1.1.3 と比較して，加速度・時間曲線から求めた加速度振幅の最大値との差が大きくなっている．このような場合は，付図 2.1 の例で述べたように，卓越振動数の前後のバンドにおける振幅のエネルギー和を求め，この値を振幅として，卓越振動数とともにプロットすると，図 3.1.1.3 と同様，加速度・時間曲線から求めた加速度振幅の最大値と比較的近似した結果が得られる．今回の例では，8Hz と 10Hz の振幅のエネルギ

一和は 15.2cm/s² となる．この値を卓越振動数 9Hz とともにプロットした結果を，付図 2.3 に▲で示す．図より，▲との差が 1/3 オクターブバンド分析結果より小さくなっていることがわかる．

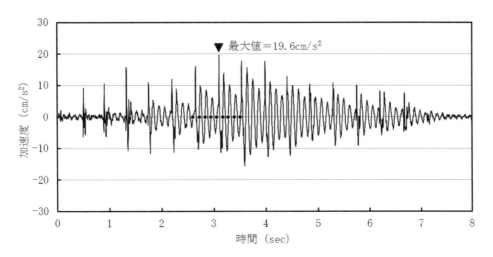

付図 2.2 固有振動数 9Hz の事務所床を 2.25Hz で歩行した場合の加速度・時間曲線の例

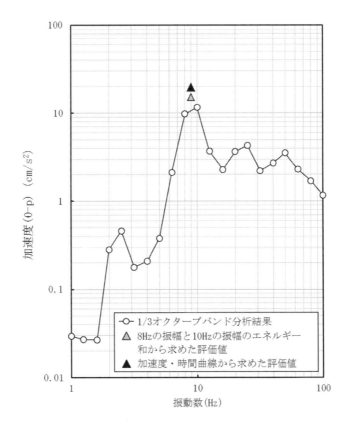

付図 2.3 加速度振幅の最大値と 1/3 オクターブバンド分析結果および隣接するバンドのエネルギー和の比較例

参 考 文 献

1) 横山　裕，井上竜太，西谷伸介，松下仁士，柴田昭彦，塚田幸一，小林裕明：共振を考慮した人間の動作による床振動の測定，評価ならびに対策に関する一考察，日本建築学会技術報告集，第24号，pp.197-202，2006.12

2) 平松和嗣，石橋敏久，横島潤紀，伊積康彦：建築物の振動に関する居住性能評価指針の測定方法について(3)，床振動に関する実測事例からの検討(3)，日本建築学会大会学術講演梗概集(D-1.環境工学Ⅰ)，pp.345-346，2007.8

付3. 接線法とオーバーオール値による方法の長所，短所

指針第2版(2004)では，性能評価曲線と照合する振幅を求める方法として接線法を採用しているが，人の振動感覚は振動数ごとに感じているのではなく，全振動数帯域を総合的に感じているという知見[1)-3)]が報告されている．

一例として，松下ら[1)]が官能検査で用いた各種振動源による鉛直振動から，以下の VA 値と VLT 値[1)]を求め，両者の関係を付図3.1に示す．

・VA 値：接線法で求めた卓越振動数帯域の振幅の最大値に振動数補正を施し，継続時間に応じて低減した値(3.2.1(2)b. 参照)
・VLT 値：振動レベル(全振動数成分を振動数補正を施したうえで加算した値，オーバーオール値の1種)の最大値を継続時間に応じて補正した値

ここで，振幅に対する継続時間の影響の度合いは，VA 値と VLT 値とで同一である．図より，◆で示した交通振動や▲で示した歩行振動による点の一部が，他の点と比較して右側にプロットされており，同程度の VA 値に対して VLT 値が大きくなっていることがわかる．これらは，卓越振動数が1/3オクターブバンドの境界近傍にある振動(付2. 参照)や，複数の卓越振動数を有する振動による点であった．

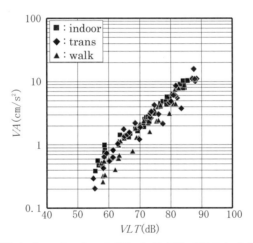

付図3.1 接線法とオーバーオール値による方法で得られた性能値の関係[1)]

つぎに，付図3.2に，官能検査結果と VA 値の関係（図3.2.1.2の右上図参照）および官能検査結果と VLT 値の関係を比較して示す．図より，特に実際の建築物の設計や確認計測などの際使用する頻度が高い範ちゅう②〜④の領域において，VA 値より VLT 値の方が，官能検査結果と良い対応を示していることがわかる．また，左側の図で他の点より左側にプロットされている点の多くは，付図3.1で右側にプロットされている点であることがわかる．すなわち，卓越振動数が1/3オクターブバンドの境界近傍にある振動や，複数の卓越振動数を有する振動の場合，接線法による VA 値では，振幅を過小評価してしまう可能性があることがわかる．

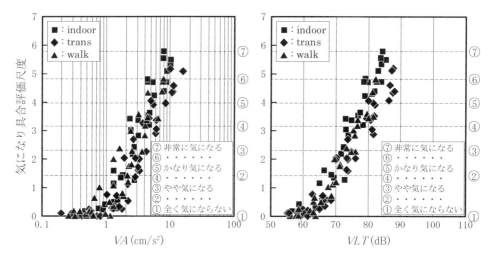

付図 3.2 接線法とオーバーオール値による方法で得られた性能値の官能検査結果との関係の比較 [1]

文献 2)では，ゴムボールで実建物を加振し，加速度応答と知覚度合の関係を検討している．付図 3.3 の左図をみると，接線法での評価は，測定点⑬と⑭で同様であるが，右図の感覚評価は⑬の方が明らかに感じる割合が多い．測定点⑬は，⑭に比べて，広帯域の振動数で大きな振幅があることから，これらのオーバーオール値が感覚評価に対応していると考えられる．また，付図 3.4 をみると，左図の接線法による評価に比べて，右図の最大値から 3dB 以内を合成した評価の方が，狭帯域，広帯域の近似直線が近づいており，区別なく評価できることがわかる．

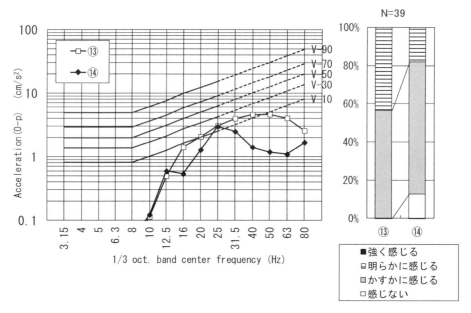

付図 3.3 振動数成分が狭帯域および広帯域のときの加速度応答と知覚度合 [2]

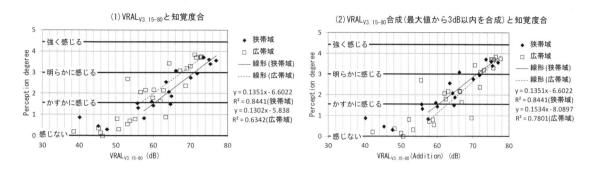

付図 3.4 ゴムボール衝撃を対象とした接線法および複数の振動数帯域を合成したときの物理量と知覚度合の対応[2]（左：接線法，右：最大値から 3dB 以内を合成）

文献 3)では，新幹線および道路交通振動により，実建物の床を対象に，加速度応答と知覚度合の関係を検討している．付図 3.5 をみると，左図の接線法による評価に比べて，右図の最大値から 3dB 以内を合成した評価の方が，狭帯域，広帯域の近似直線が近づいており，区別なく評価できることがわかる．

付図 3.4(衝撃振動)と付図 3.5(交通振動)の左図の狭帯域と広帯域の近似直線をみると，2～4dB 程度の差がみられる．すなわち，波形が広帯域の場合には，接線法の評価から，2～4dB 程度大きな値となる可能性がある．

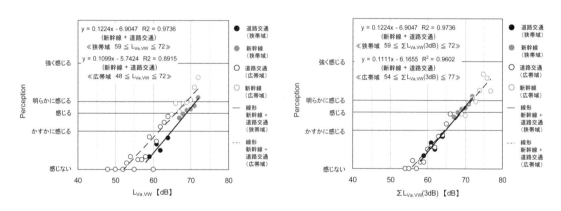

付図 3.5 交通振動を対象とした接線法および複数の振動数帯域を合成したときの物理量と知覚度合の対応[3]（左：接線法，右：最大値から 3dB 以内を合成）

以上のように，特定の振動数成分のみで決定する接線法よりも，全振動数成分が反映されるオーバーオール値による方法の方が，概して居住者の評価と良い対応を示すことが報告されている．しかしながら，オーバーオール値による方法を規準に採用すると，構造設計者や技術者にとって大変重要な振動数情報が，評価結果から完全に欠落してしまうという大きな欠点がある．加えて，本規準の性能評価図に示すような，居住者の評価の振動数特性を表す等評価曲線自体を，規準で規定する必要がなくなる可能性がある．本規準では，これらのデメリットの大きさを重視するとともに，第 2 版との継続性も考慮し，接線法を採用することとした．

なお，今後は，接線法とオーバーオール値による方法で得られる評価の関係について，

評価対象振動の振動数特性などをパラメータとして，データを蓄積していく必要があると思われる．

参 考 文 献

1) 松下仁士，長沼俊介，井上竜太，横山　裕：種々の加振源による鉛直振動に適用できる性能値，日本建築学会環境系論文集，第 720 号，pp.153-162，2016.2

2) 冨田隆太，井上勝夫：居住床を対象とした衝撃振動の周波数特性が人の振動感覚に与える影響，日本建築学会環境系論文集，第 705 号，pp.927-935，2014.11

3) 松田　貫，井上勝夫，冨田隆太：実住宅床を用いた鉄道・自動車走行時の鉛直振動が人の振動感覚に及ぼす影響，日本建築学会技術報告集，第 51 号，pp.573-578，2016.6

付 4. 振動レベルと加速度振幅の最大値の対応

　振動規制法に基づく振動の評価に準じて，振動レベル計により測定される振動レベル(dB)が環境振動評価に用いられることもある．ここでは，振動レベルと本規準の評価法の対応について示す．

　振動レベル(L_V)は，付表 4.1 に示す鉛直特性(付図 4.1)または水平特性(付図 4.2)により，振動感覚補正に相当する重み付けをした振動加速度の実効値(RMS 値)A(m/s^2)を基準の振動加速度(10^{-5}m/s^2)で除した値の常用対数の 20 倍として定義されるもので，単位はデシベル(dB)で表示される(JIS C 1510-1995[1])．

$$L_V = 20 \log A/10^{-5} \quad \text{(dB)}$$

　ここで，振動感覚補正を行わない物理量を振動加速度レベル(L_{Va})と呼び，デシベル(dB)で表示するため，振動感覚補正をした振動レベル(L_V)と混同しないように注意することが必要である．

　振動レベル(L_V)で表された現象の卓越振動数が明らかな場合，振動レベルの値は，簡易的に加速度の絶対値に変換することができる．

　いま，対象が鉛直振動で，卓越振動数が 20Hz，振動レベルが 65dB であったとすると，付表 4.1 より 20Hz における鉛直特性の 8dB を加算して，補正前の加速度実効値は 73dB＝4.5cm/s^2(RMS 値)となる．

　振動レベル計が備えている実効値回路は，時定数 630ms である．時定数 630ms で算出された RMS 値と加速度最大値との関係については，図 3.1.1.1，3.2.1.1 および図 3.2.1.2 を参照されたい．また，時定数 630ms で算出された振動レベルは，本規準で規定した VL_{10ms} に換算できないため，振動レベル計により振動レベルのみを測定し，加速度時刻歴を記録しなかった場合は，継続時間を考慮した加速度振幅の低減方法を適用できない．

付表 4.1 基準レスポンスと許容差(dB)[1]

振動数(Hz)	鉛直特性	水平特性	許容差
1	−5.9	+3.3	±2
1.25	−5.2	+3.2	±1.5
1.6	−4.3	+2.9	±1
2	−3.2	+2.1	±1
2.5	−2.0	+0.9	±1
3.15	−0.8	−0.8	±1
4	+0.1	−2.8	±1
5	+0.5	−4.8	±1
6.3	+0.2	−6.8	±1
8	−0.9	−8.9	±1
10	−2.4	−10.9	±1
12.5	−4.2	−13.0	±1
16	−6.1	−15.0	±1
20	−8.0	−17.0	±1
25	−10.0	−19.0	±1
31.5	−12.0	−21.0	±1
40	−14.0	−23.0	±1
50	−16.0	−25.0	±1
63	−18.0	−27.0	±1.5
80	−20.0	−29.0	±2

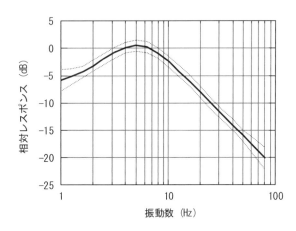

付図 4.1 鉛直特性 [1]

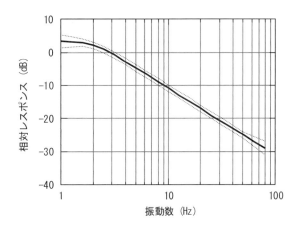

付図 4.2 水平特性 [1]

参 考 文 献

1) 日本規格協会：JIS C 1510-1995 振動レベル計，1995

付 5. 本規準以外の環境振動評価法の例

本規準の策定にあたっては，指針第 1 版(1991)，第 2 版(2004)のように，振動源ごとに評価の基本概念と基準を提示するのではなく，より普遍的に，振動源によらない共通の基本概念と振動の物理的特性に応じた評価規準を提示することとした．しかし，本規準の検討中に参考にした既往の研究の中には，個々の研究で対象とした振動に対し，評価者の反応と対応の良い評価が可能な方法を提示しているものも少なからず見られた．本付録では，今後の規準改定の参考とするため，そのような評価方法の例を挙げる．

(1) 鉛直振動の評価法：その1

横山ら [1),14)]は，居住性からみた歩行振動の評価方法について，木造住宅床や二重床など比較的剛性が低い床と，S 造，RC 造床や木造大スパン床など比較的剛性が高い床とに分けて，体系的に検討している．はじめに，歩行者が床に与える荷重と，それにより発生する床振動との関係を検討し，付図 5.1 に示すように，歩行振動は，かかと先端着地時の衝撃(ピーク p_1)により励起される床の固有振動数での減衰振動と，その後の着地→踏み出しの一連の動作に伴う二峰形の荷重(ピーク p_2, p_3)に応じた変形が複合された，複雑な性状を示すことを明らかにしている [1)-7)]．また，比較的剛性の低い床では，二峰形の荷重に応じた変形の最大値 $Dmax$ (cm)，変形速度 Vm (cm/s)と，床の固有振動数での振動の加速度振幅が 14.1cm/s² まで減衰するのに要する時間 Th (s)から，(1)式にしたがって算出される $VI(2)$ が，居住者の振動感覚，評価と対応することを明らかにしている [2),4),9)-11)]．

$$VI(2) = 0.2 \cdot \log(Dmax) + 0.5 \cdot \log(Vm) + 0.2 \cdot \log(Th) \quad \cdots \quad (1)$$

さらに，50 以上の実在木造住宅床において，振動に対する苦情発生の有無と $VI(2)$ の関係を検討し，8 畳間程度の大きさまでの一般的な居室床であれば，付図 5.2 に示すように，床中央近傍の最も大きな振動が発生すると思われる点で測定される $VI(2)$ で，苦情発生の有無をおおむね予測できることを明らかにしている [8)]．加えて，人間が歩行時に床に与える荷重を再現できる測定装置を開発しており [5)-7)]，一連の成果は，本会「床性能評価指針」[14)]において，「不振動性の評価方法」として，「推奨値 $VI(2) \leqq -0.9$」とともに紹介されている．

一方，比較的剛性の高い床では，変形は小さくほとんど感じられない程度となることから，床の固有振動数での振動が数歩分連続的に感じられるようになる．そのため，振動の大きさの指標として $Dmax$, Vm に代わり加速度・時間曲線から算出される振動レベルの最大値 $VLmax$ (dB)を用い，振動の長さの指標として Th に代わり振動レベルが 60dB を超えている時間の合計である T (s)を用いることとし，これらから(2)式に従って算出される VLT が，居住者の振動感覚，評価と対応することを明らかにしている [12),13)]．

$$VLT = VLmax + 20 \cdot \log(T^{1/4}) \quad \cdots \quad (2)$$

VLT では，振幅の最大値に対する継続時間の影響度合いが 1/4 乗で盛り込まれており，基本的な考え方は 3.2.1(2)の解説に記した本規準の根拠となっている VA 値と一致している．ただし，振動レベル算出の際の時定数は，10〜630ms の範囲で数種検討した結果，最も良い対応が得られる値として 25ms を採用している．VLT は，歩行振動のみでなく，交通振動や，正弦波を含む定常的な振動にも適用できることが明らかとなっている [13)]．人間の感覚，評価と VLT の関係の例は，付 3. の付図 3.2 に示されている．

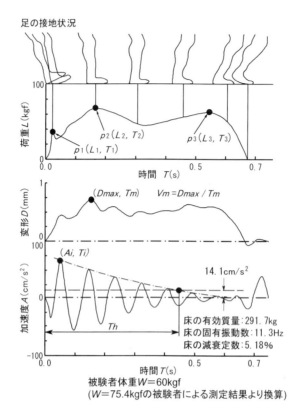

付図 5.1 歩行者が床に与える荷重と歩行振動の例 [1)-7)]

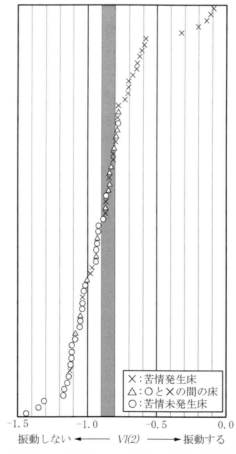

付図 5.2 苦情発生の有無と $VI(2)$ の関係 [8)]

(2) 鉛直振動の評価法：その2

文献 15)では，$L_{Veq,h,Th}+20\log_{10}T_h^{k2}$ を評価尺度として提案している．$L_{Veq,h,Th}$ は，10ms の振動レベルの時間波形のうち，59dB 以上のデータのみを対象とした等価振動レベルを表している．そのため，除した時間も，59dB 以上を超えた時間となる．59dB については，文献 16),17)で，実験的検討を行い算出した振動知覚域である．$20\log_{10}T_h^{k2}$ は，振動を知覚する時間の暴露量として扱った量であり，T_h は 59dB 以上の振動知覚時間と定義し，$k2 = -136 \cdot 10\log_{10}T_h+1/4$ で算出している．文献 15),18)では，JIS A 1418-2:2000 の衝撃力特性(2)を有する衝撃源(ゴムボール)により，RC 造の実建物において，衝撃振動の振動評価実験を行っている．実験時間を 15 秒から 10 分までの 18 パターンで行い，$L_{Veq,h,Th}+20\log_{10}T_h^{k2}$ が，10 分程度の長い実験時間を対象とした場合にも，気になる度合や不快度合と良い対応を示すことが報告されている．また，文献 19)では，RC 造と大スパン木造，ゴムボール衝撃と歩行のように，構造や衝撃源を変化させた実験的検討を行い，木造床のような振幅が大きくなる場合，衝撃源が変化した場合にも，$L_{Veq,h,Th}+20\log_{10}T_h^{k2}$ が気になる度合や不快度合と良い対応を示すことが報告されている．文献 20)では，質量・剛性の小さい戸建て住宅を対象として，ゴムボール衝撃や歩行による振動感覚評価実験を行い，付図 5.3 に示すように良い対応を示すことが報告されている．

また，文献 21)では，交通機関により発生する鉛直振動を対象に，知覚度合や不快度合の振動感覚と評価物理量の関係について報告されている．振動源は，在来線，新幹線，道路交通とし，実住宅で実験を行っている．付図 5.4 に示すように，$L_{Veq,h,Th}+20\log_{10}T_h^{k2}$ と不快度合の対応が良いことが報告されている．

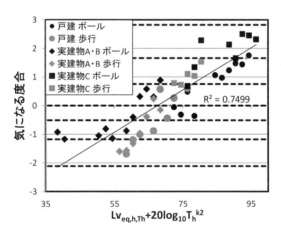

付図 5.3 「$L_{Veq,h,Th}+20\log_{10}T_h^{k2}$」と気になる度合 [20]

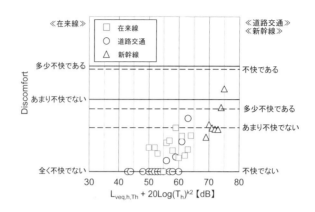

付図5.4 「$L_{Veq,h,Th}+20\log_{10}T_h^{k2}$」と不快度合 [21]

(3) 水平振動の評価法

林ら[22]は，道路交通や鉄道などの外部振動源による戸建て住宅内における水平振動を想定した振動に関する大きさ，不快感の心理的反応の評価に関して，国内外で提案されているさまざまな環境振動評価法の適用性を検討した．まず，規格などで規定されている評価法として，指針第2版(2004)，JIS C 1510[23]に基づく振動レベル最大値(L_{Vmax})，ISO 2631 シリーズ[24),25)]に基づく *MTVV*(Maximum Transient Vibration Value, 最大過渡振動値)および *VDV*(Vibration Dose Value, 振動暴露量値)の適用性を検討した結果，振動の継続時間を1/4乗で考慮する *VDV* が実験結果と最も良く対応したことが示されている(付図5.5)．また，鉛直振動評価に関する既往の研究[13),26)]で検討されている，振動レベルの最大値に振動の継続時間を1/4乗で加算する評価法についても，水平振動への適用性を検討し，大きさ尺度や快適性尺度と一定の対応を示すことを確認した．

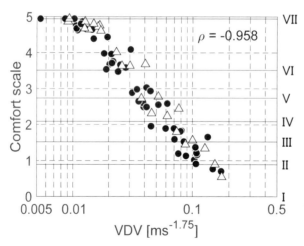

● : 外部振動源による振動, △ : 正弦振動. ρ : スピアマンの順位相関係数

付図5.5 快適性尺度（数値が小さいほど不快）の *VDV* による評価 [22]

(4) 鉛直・水平振動の評価法

石川ら[27)-32)]は，歩行振動および非定常的な振動を対象に，以下で述べる振動数特性を補正するフィルタを用いる評価法を提案している．この手法は，非定常的な振動を低減し，振動数によらず定常的な振動とみなして評価する方法である．すなわち，評価の基準を定

常的な振動の,人間の感覚が最も敏感となる振動数帯域のときの加速度相当とするもので,具体的な手順は,以下のとおりである.

① 対象加速度波形のフーリエ(振幅)スペクトルを作成する.
② フーリエ(振幅)スペクトルにフィルタ処理(振動数領域に応じた補正)を施す.
③ フィルタ処理後,逆フーリエ変換をして得た加速度波形の最大加速度値(絶対値)を評価加速度値 a 値とする.
④ 絶対値に変換した加速度が b を超える時間の合計を計算したとき,これが te(s)となる b 値を算出する.

非定常的な振動を振動数によらず定常的な振動として評価するため,算出した評価加速度値 b 値に対して,定常的な振動の人間の感覚が振動に対して最も敏感となる振動数帯域の場合の加速度を評価の基準とするもので,例えば文献 31)では,上記②の特性を補正するためのフィルタとして,被験者実験で得られた評価尺度の中央値以上の回答数を累積した累積回答確率を評価に用いている.また,④の te(s)は先行研究より 0.3s としている.非定常的な水平振動を対象とした実験での不安感,不快の測定結果とこの手法による評価の対応を付図 5.6 に示す[31].縦軸に回答確率,横軸に実験時の上述の b 値を表している.さらに図には定常的な振動の 2.5Hz のラインを付記している.ばらつきは見られるものの,非定常的な振動に対する評価が,定常的な振動に対する評価に沿った形で得られている.この b 値による評価は,加速度最大値による評価や,④の処理を施す前の a 値による評価より,定常的な振動に対する評価に沿った結果が得られることも確認されている[31].

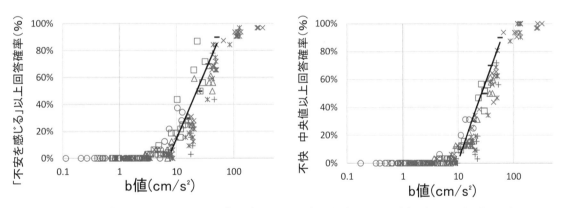

付図 5.6 「不安を感じる」以上(左図)および不快の中央値以上(右図)の評価結果 [31]

参 考 文 献

1) 小野英哲,横山 裕:人間の動作により発生する床振動の振動感覚上の表示方法に関する研究,―振動発生者と受振者が同じ場合―,日本建築学会構造系論文報告集,第 381 号,pp.1-9,1987.11

2) 横山 裕,小野英哲:人間の動作により発生する床振動の振動感覚上の表示方法に関する研究,―振動発生者と受振者が異なる場合―,日本建築学会構造系論文報告集,第 390 号,pp.1-9,1988.8

3) 小野英哲,横山 裕:人間の動作により発生する床振動の居住性からみた評価方法に関する研究,―振動発生者と受振者が同じ場合(動作した人間自身が床振動を感じる場合)―,日本建築学会構造系論文報告集,第 394 号,pp.8-16,1988.12

4) 横山　裕，小野英哲：振動発生者と受振者が異なる場合の床振動の評価方法の提示，人間の動作により発生する床振動の居住性からみた評価方法に関する研究(第2報)，日本建築学会環境系論文集，第418号，pp.1-8，1990.12

5) 横山　裕：歩行時に発生する床振動評価のための加振，受振装置に関する研究，動的加振器，受振器の設定および妥当性の検討，日本建築学会構造系論文集，第466号，pp.21-29，1994.12

6) 横山　裕，佐藤正幸：歩行時に発生する床振動評価のための加振，受振装置に関する研究，衝撃的加振器の開発および振動減衰時間算出方法の妥当性の確認，日本建築学会構造系論文集，第476号，pp.21-30，1995.10

7) 横山　裕，佐藤正幸：歩行時に発生する床振動評価のための加振，受振装置に関する研究，仕上げ材が施された床に対する加振,受振装置の適用方法の設定,日本建築学会構造系論文集,第490号,pp.17-26,1996.12

8) 横山　裕：苦情発生の有無からみた実在住宅床振動の測定条件，境界値の提示，日本建築学会構造系論文集，第546号，pp.17-24，2001.8

9) 横山　裕，井上竜太：がたつき音の影響を含む床振動の評価指標の提示，振動発生者と受振，受音者が同じ場合，日本建築学会構造系論文集，第550号，pp.15-22，2001.12

10) 横山　裕，井上竜太：がたつき音の影響を含む床振動の評価指標の提示，振動発生者と受振，受音者が異なる場合，日本建築学会構造系論文集，第564号，pp.15-22，2003.2

11) 横山　裕：複数歩連続した歩行振動の性能値に関する基礎的検討，木造大スパン床の歩行振動の居住性からみた評価方法(その1)，日本建築学会環境系論文集，第691号，pp.689-695，2013.9

12) 横山　裕，黒田瑛一，福田眞太郎：剛性の高い床に適用する性能値に関する基礎的検討，木造大スパン床の歩行振動の居住性からみた評価方法(その2)，日本建築学会環境系論文集，第712号，2015.6

13) 松下仁士，長沼俊介，井上竜太，横山　裕：種々の加振源による鉛直振動に適用できる性能値，日本建築学会環境系論文集，第720号，pp.153-162，2016.2

14) 日本建築学会：床性能評価指針，2015

15) 冨田隆太，井上勝夫，坂元美沙希：振動暴露時間の変化による物理量と振動感覚との対応，床振動測定用標準衝撃源としてのボールの有用性に関する研究：その16，日本建築学会大会学術講演梗概集(環境工学I)，pp.369-370，2015.9

16) 冨田隆太，井上勝夫：居住床を対象とした衝撃振動の周波数特性が人の振動感覚に与える影響，日本建築学会環境系論文集，第705号，pp.927-935，2014.11

17) 冨田隆太，井上勝夫，玉置祐人：人の動作及びゴムボール衝撃時を対象とした振動応答物理量と感覚度合に関する検討，日本騒音制御工学会秋季研究発表会講演論文集，pp.245-248，2013.9

18) 坂元美沙希，井上勝夫，冨田隆太：振動暴露時間の延長による振動感覚量と振動応答物理量に関する検討，床振動測定用標準衝撃源としてのボールの有用性に関する研究：その17，日本建築学会大会学術講演梗概集(環境工学I)，pp.371-372，2015.9

19) 坂元美沙希，井上勝夫，冨田隆太：異なる構造床を対象とした振動感覚と振動応答物理量に関する検討，建築物の鉛直振動に対する感覚評価尺度に関する研究：その1，日本建築学会大会学術講演梗概集(環境工学I)，pp.459-460，2016.8

20) 冨田隆太，坂元美沙希，井上勝夫：戸建て住宅を対象としたゴムボール衝撃及び歩行時の振動感覚の検討，建築物の鉛直振動に対する感覚評価尺度に関する研究：その2,日本建築学会大会学術講演梗概集(環境工学I)，pp.461-462，2016.8

21) 松田　貫，井上勝夫，冨田隆太：交通機関により発生する鉛直振動の暴露時間と振動感覚の対応に関する検討，日本音響学会騒音・振動研究会資料，N-2016-6, pp.1-8, 2016.1

22) 林健太郎，松本泰尚，嘉納裕人：水平振動の心理的反応に対する継続時間を考慮した評価方法の適用性に関する実験的検討，日本建築学会環境系論文集，第 743 号，pp.11-19, 2018.1

23) 日本規格協会：JIS C 1510-1995 振動レベル計，1995

24) International Organization for Standardization: ISO2631-1:1997 Mechanical vibration and shock - Evaluation of human exposure to whole-body vibration - Part 1: General requirements, 1997

25) International Organization for Standardization: ISO 2631-2:2003 Mechanical vibration and shock - Evaluation of human exposure to whole-body vibration - Part 2: Vibration in buildings (1 Hz to 80 Hz), 2003

26) 松田　貫，井上勝夫，冨田隆太：鉛直振動の振動暴露時間が振動感覚に及ぼす影響，交通振動に対する住宅床の体感振動評価に関する研究：その 3，日本建築学会大会学術講演梗概集(環境工学Ⅰ), pp.379-380, 2015.9

27) 今鉾淳史，石川孝重，片岡達也，遠山　解：歩行振動に対する床居住性能評価手法の提案，その 1：提案手法の概要，日本建築学会大会学術講演梗概集(環境工学Ⅰ), pp.463-464, 2016.8

28) 岡部和正，石川孝重，土橋　徹，早野裕次郎：歩行振動に対する床居住性能評価手法の提案，その 2：振動台体感試験による提案手法の妥当性検証，日本建築学会大会学術講演梗概集(環境工学Ⅰ), pp.465-466, 2016.8

29) 遠山　解，片岡達也，岡部和正，今鉾淳史，石川孝重，山浦夕佳：歩行振動に対する床居住性能評価手法の提案，その 3：振動台体感試験による提案手法の妥当性検証，日本建築学会大会学術講演梗概集(環境工学Ⅰ), pp.423-424, 2017.8

30) 久木章江，石川孝重，平間ちひろ：非定常的な水平振動に対する感覚に基づく居住性能評価に関する研究，－その 1　実験概要および 1/3 オクターブバンド分析による評価－，日本建築学会関東支部研究報告集Ⅰ, 88, pp.405-408, 2018.3

31) 平間ちひろ，石川孝重，久木章江：非定常的な水平振動に対する感覚に基づく居住性能評価に関する研究，－その 2　振動数特性を補正するフィルターを用いる評価手法の提案－，日本建築学会関東支部研究報告集Ⅰ, 88, pp.409-412, 2018.3

32) 久木章江，石川孝重，平間ちひろ：非定常的な水平振動に対する感覚に基づく居住性能評価に関する研究，－その 3　提案手法よる設計への適用－，日本建築学会関東支部研究報告集Ⅰ, 88, pp.413-416, 2018.3

付6. 官能検査条件が評価に及ぼす影響

　居住性からみた妥当な性能評価規準を策定するためには，振動とそれに対する人間の感覚，評価との関係を把握する必要がある．人間の感覚，評価を定量的に扱うための方法の1つとして，検査員を用いて入力された振動に対する判断を求める官能検査手法が挙げられる．官能検査を実施するためには，判断対象となる振動の範囲や，振動を入力する方法，検査員の層，質問の方法，判断する際の想定事項など，さまざまな条件を設定する必要がある．当然のことながら，これらの条件は結果に少なからず影響を及ぼすが，振動を対象とした官能検査では，居住者が日常生活の中で振動を感じた場合の反応にできるだけ近い判断が得られるよう，条件を整えることが特に重要となる．

　床の鉛直振動を対象に，官能検査条件の違いが結果に及ぼす影響について具体的に検討した例は少ない．文献1)では，歩行振動を対象に，仕様の異なる十数種の木造大スパン試料床を用いた官能検査を実施するとともに，実験室に設置した振動台を用いた官能検査も実施し，両者の結果を比較している．その結果の例を，付図6.1に示す．図の縦軸は，それぞれの官能検査結果に基づいて構成した振動の気になり具合を表す「気になり具合評価尺度」であり，横軸は著者らが設定した居住者の振動評価と対応する性能値 VLT である．VLT は，人間の感覚特性に応じて振動数補正した振幅(振動レベル)の最大値と，振動の継続時間から算出されるもので，その基本概念や継続時間による低減方法は，本規準における非定常的な振動の評価方法と同一である．また，図中の①〜⑦の破線は，官能検査に用いた判断範ちゅうの気になり具合評価尺度上の位置を表す．

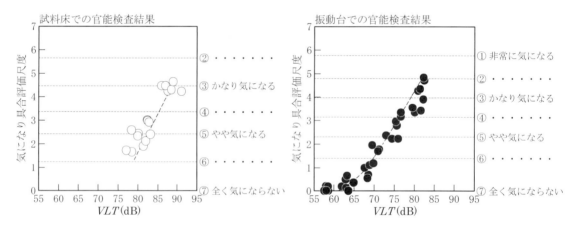

付図6.1　試料床と振動台での官能検査結果の比較[1)]

　図より，同一の判断範ちゅうと対応する VLT を左側の試料床での官能検査結果と右側の振動台での官能検査結果で比較すると，試料床での官能検査結果の方が約 **9dB** 大きくなっていることがわかる．また，逆に，同一の VLT に対しては，試料床での官能検査結果の方が気になり具合評価尺度で3範ちゅうほど評価が緩くなっていることがわかる．このような結果が得られた原因として，
1)検査試料とした振動の大きさの範囲の違い
・振動に対する慣れ，敏感さの違い
2)検査環境の違い

・試料床と振動台の雰囲気の違い
・歩行者(振動源)が視認できるかできないかの違い
・足音の有無など音環境の違い
3)加振方法の違い
・実際の歩行と振動台での入力振動のばらつきの違い

などが考えられる．実際には複数の要因が複雑に影響しているものと想定できるが，これらの要因の影響について体系的に検討した研究例はみあたらない．

また，これも例は少ないものの，水平振動を対象に検査条件が評価に及ぼす影響を検討した研究もある．本規準で提示している評価は，基本的には実験室環境で行った各種実験の結果に基づいて定めたものであり，振動が発生することを予知し，強く意識している研究がベースとなっていることが多い．一方，日常的には，居住者が振動の発生前において振動を意識していることはほとんどないであろう．このような環境条件の違いが，知覚閾に及ぼす影響を50パーセンタイル値で評価したものが付図6.2[2)]である．

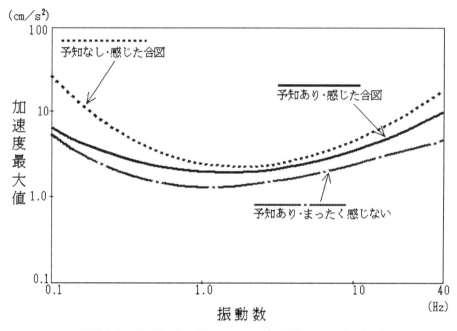

付図 6.2　被評価者の状況の違いが知覚閾に及ぼす影響 [2)]

日常環境に近い状況を実験的に作り出し，被験者に対して振動の発生を予告しないで知覚閾を評価した場合，同じ被験者でも知覚閾がより大きくなる傾向が示されている．振動の発生を予知していない場合には，予知している場合と比較して振動を感じない人が30%程度多くなる場合もある．日常環境のように振動に対する意識が紛れ，他のことに集中したり，作業している場合には，感じない人がより多くなる可能性も指摘できる．一方，図中の「まったく感じない」による知覚閾の評価は振動の発生を強く意識している場合に相当すると考えられている．この場合は，振動数範囲によらず全体としてより敏感に振動を感じる傾向を示している．すなわち，実環境において振動を一度感じると，それ以降，かなり高い頻度で振動を感じる可能性があることを示唆している．

本規準で評価レベル設定の際に参考にしたデータの多くが，比較的厳しい評価が得られ

る振動台での官能検査結果に基づいたものであることから，今後，居住者が日常生活の中で振動を感じた場合の評価との差に関する検討が，重要になると考えられる．

参 考 文 献

1) 小山雄平，福田眞太郎，横山　裕：官能検査条件が歩行振動の居住性評価におよぼす影響，日本建築学会大会学術講演梗概集(環境工学Ⅰ)，pp.425-426，2017.8

2) 野田千津子，石川孝重：水平振動を受ける被験者の状況が知覚閾におよぼす影響，日本建築学会計画系論文集，第 524 号，pp.9-14，1999.10

付 7. 感覚評価に影響を及ぼす体感以外の要素

本規準の評価曲線は体感による知覚確率に基づいて設定されており，一般的にも振動を感じるという評価は体感を基盤としている．一方，実空間において振動を感知するきっかけとしては体感による場合のみとは限らない．例えば，建物内の什器や容器に張られた水などの揺れを視覚にて感知する場合や，建物内部で生じるきしみ音などを聴覚によって感知する場合など，さまざまな要因によって振動を知覚することがこれまでに報告[1]されている．

建築物に生じる振動の評価に関する国際基準である ISO 2631-2：2003[2]においても，Annex B にて「建築振動に対する人間の反応に関するデータの収集に関するガイドライン」として，振動の発生に関連した周辺的現象の有無や程度などを報告すべきであるとしており，建築物のきしみ音や振動によって引き起こされる窓や什器類などのがたつき音や，5Hz以下の低振動数範囲における視覚的影響が関連する場合があることが示されている．ただし，ISO 2631-2：2003 における記述も定量的評価には至っておらず，このような周辺的な要因が振動知覚や振動感覚に及ぼす影響に関しては現時点では研究蓄積が十分ではない．しかしながら，風による水平振動が発生する低振動数範囲において，特に知覚閾レベルの振動に対する視覚の影響は大きいことが既往研究などでも指摘されており，設計上でも可能な限り考慮していくことが求められる．

付図 7.1, 7.2 に被験者に視覚と体感の両刺激を与えた際の知覚確率の変化を表す図を示す．この研究[3]は，振動台上に設置された部屋に開口部を設け窓外景観を眺めることが可能な環境下で行われた正弦振動による実験であり，開口部の開閉を任意に行うことにより被験者に対して「体感のみ(窓外の景色が見えない場合)」「体感＋視覚情報あり(窓外の景色が見える場合)」の振動刺激を与えることが可能となっている．「体感のみ」と「体感＋視覚」の条件を比較すると，1Hz以下の低振動数域において「体感＋視覚」刺激の条件のほうが各知覚確率に達する振動の最大加速度が小さくなり，特に低振動数になるほど両者の乖離が大きくなる傾向が示されている．すなわち，低振動数範囲では，体感のみでは振動を感知できないような小さな振動であっても視覚により振動を認識することが示されており，特に固有振動数のより低い建築物においては，体感知覚のみを対象とした評価尺度を用いての設計では危険側となるために，視覚の影響も考慮した設計を検討する必要性を示唆している．

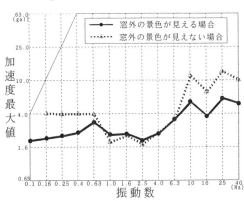

付図 7.1　窓外景観の有無による
50％知覚閾比較

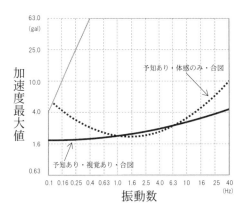

付図 7.2　各種条件下の体感知覚と
視覚知覚の比較

さらに，超高層建築物にて暴風時に生じる可能性のある長周期(低振動数)のねじれ振動を対象とした研究[4]においても，同様に視覚知覚の考慮を推奨している．同研究は，振動台を稼働させることによる体感刺激と，実験家屋内に設置されたスクリーンに任意の振動の大きさに編集された窓外景観の動揺映像を投影することによる視覚刺激とを個別に被験者に暴露する環境下で行われた．低振動数のねじれ振動においても，体感知覚よりも視覚知覚のほうが鋭敏である傾向を示しており(付図7.3)，前述の研究と同様の結果となっている．また，視覚知覚においては振動の大きさを速度尺度とすると，振動数の変化にかかわらずほぼ同じ大きさの速度にて平均知覚閾に達すること，ならびにねじれ振動においては，窓外景観が変化(近接する建物の有無)しても振動の知覚割合に影響を与えないことが併せて示されている(付図7.4, 7.5)．

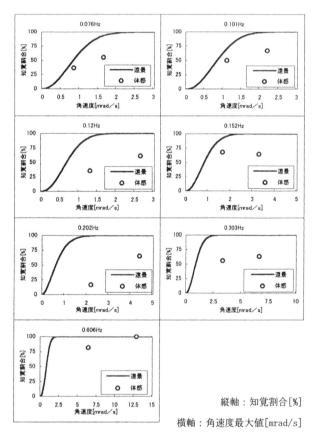

縦軸：知覚割合[%]
横軸：角速度最大値[mrad/s]

付図7.3　体感知覚と視覚知覚の比較

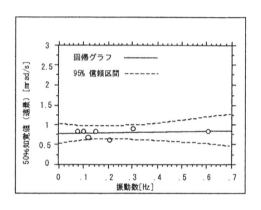

付図7.4　平均知覚閾（視覚/遠くまで見渡せる）

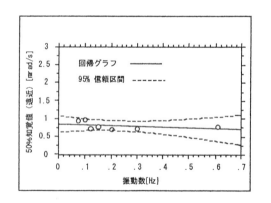

付図7.5　平均知覚閾（視覚/近くに建物あり）

加えて，より実建築空間の生活環境に近い状況下での評価を目的とした研究[5),6)]も行われている．同研究は被験者に対して視覚刺激を強制的に与えるのではなく，住宅およびオフィスを想定した空間に存在する各種什器や物品などの目視時間を考慮し，振動に対する知覚割合の推定を行っている．得られた知見によると，低振動数領域では体感知覚よりも視覚知覚のほうがより鋭敏であり，かつ室用途の比較においては物品数が少ない・仕事に集中しているために周辺物品の目視時間が短いなどの理由からオフィス空間のほうが振動の知覚の割合が低くなる傾向が示されている(付図7.6, 7.7)．

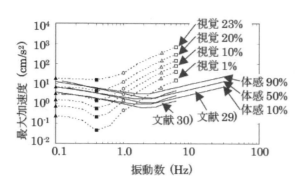 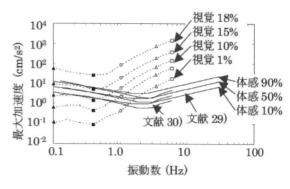

付図 7.6　視覚により振動知覚する確率（推定）　　　付図 7.7　視覚により振動知覚する確率（推定）
　　　　　　　　住宅　　　　　　　　　　　　　　　　　　　　　　　オフィス

注：上記図中文献 29)は「指針第 2 版(2004)」，文献 30)は「Tamura Y.: Application of Damping Devices to Suppress Wind-Induced Responses of Buildings, 2nd European & African Conference on Wind Engineering, Palazzo Ducale, Genova, Italy, June 22-26, pp.45-60, 1997」

　また，振動刺激とそれに伴う騒音に起因する聴覚刺激を同時に暴露した際の人体の振動感覚への影響に関する研究もなされている．鉄道車両走行を対象とした実家屋内振動実測データを基に作成された振動刺激と鉄道の騒音を実験室振動台にて同時に被験者に暴露して行われた後藤ら[7,8]の研究によると，振動評価に対する騒音の影響は少ないことが示されている(騒音の有無により振動評価は影響を受けない)．ただし，振動・騒音に限定せずに居住環境を複合的に評価した場合においては，単独刺激に着目した評価との間に大きな差異が認められたことも示されている(総合評価においては，振動・騒音それぞれの影響を加味した評価となっている)．なお，付図 7.8 内縦軸の振動評価値とは，「全く感じない」から「耐えられない」までの 7 段階による評価をもとに算定が行われている．

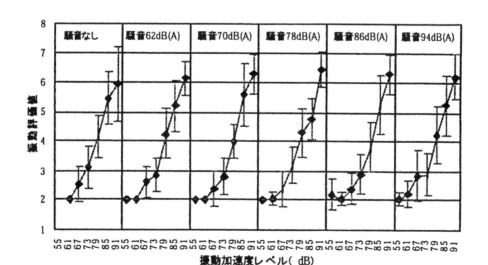

付図 7.8　振動・騒音同時暴露時の振動評価[7]

さらに，振動と騒音の同時暴露実験としては，鉄道に起因する刺激を対象として実家屋内にて行われた新藤らの研究[9),10)]も挙げられる．同研究は，鉄道に近接する実家屋内にて行われた実験であり，被験者に対しヘッドフォンを用いることにより，聴覚刺激の有無を調整して行われた．ヘッドフォンを装着している場合(振動の発生原因に起因する騒音刺激なし)においては，騒音刺激がある場合に比べて同一相当の振動刺激であっても被験者の振動知覚割合が低下し，振動に対してより鈍感になる傾向が示されている．ゆえに，鉄道振動などの場合には，家屋の遮音性能を向上させることにより，振動に対する居住環境性能評価が改善する場合も考えられる．なお，付図 7.9 内縦軸の振動感覚評価値とは，「(1)振動を感じない」「(2)気がする程度」「(3)かすかに感じる」「(4)はっきりと感じる」の 4 段階による評価をもとに算定が行われている．

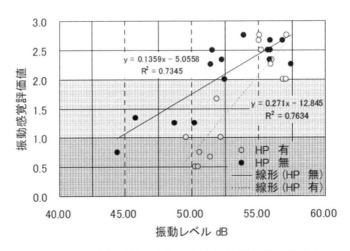

付図 7.9 聴覚刺激の有無による振動評価値の差異 [9)]

参 考 文 献

1) 中村敏治，神田 順，塩谷清人，長屋雅文：免震建物における地震時振動知覚の統計的調査，日本建築学会構造系論文集，第 472 号，pp.185-192，1995.6

2) International Organization for Standardization: ISO 2631-2:2003 Mechanical vibration and shock – Evaluation of human exposure to whole-body vibration – Part 2: Vibration in buildings (1 Hz to 80 Hz), 2003

3) 野田千津子，石川孝重：視覚が水平振動感覚に及ぼす影響に関する研究，日本建築学会計画系論文集，第 525 号，pp.15-20，1999.11

4) 新藤 智，後藤剛史：長周期ねじれ振動が人体の視覚知覚に及ぼす影響，日本建築学会計画系論文集，第 553 号，pp.23-28，2002.3

5) 川名清三，田村幸雄，松井正宏：視覚による振動知覚に関する研究，視覚因子の目視時間等の計測および統計分析，日本風工学会論文集，第 2 号，pp.77-86，2007.4

6) 川名清三，田村幸雄，松井正宏：視覚による振動知覚に関する研究，目視時間を考慮した視覚による振動知覚確率の推定，日本風工学会論文集，第 3 号，pp.75-87，2008.7

7) 志村正幸，後藤剛史，永関慶樹，川上善嗣，遠藤龍司：鉄道を対象とした騒音と振動の複合刺激に対する被験者感覚反応に関する実験研究，その1　振動・騒音同時暴露実験，日本建築学会大会学術講演梗概集(D-1.環境工学Ⅰ)，pp. 209-210，2005.9

8) 後藤剛史，志村正幸，永関慶樹，川上善嗣，遠藤龍司：鉄道を対象とした騒音と振動の複合刺激に対する被験者感覚反応に関する実験研究，その2　振動・騒音同時暴露実験及び正弦波知覚実験，日本建築学会大会学術講演梗概集(D-1.環境工学Ⅰ)，pp. 211-212，2005.9

9) 新藤　智，後藤剛史：調査概要および解析方法，鉄道走行による木造家屋内振動の知覚に関する調査(その1)，日本建築学会大会学術講演梗概集(環境工学Ⅰ)，pp. 327-328，2012.9

10) 後藤剛史，新藤　智：姿勢および聴覚刺激の振動知覚に及ぼす影響，鉄道走行による木造家屋内振動の知覚に関する調査(その2)，日本建築学会大会学術講演梗概集(環境工学Ⅰ)，pp. 329-330，2012.9

付8. 長時間継続する水平振動の感覚への影響

　風による振動は比較的長時間継続することが特徴的である．ISO 2631-2 : 2003 においても，継続時間は振動に対する人の反応に影響を及ぼすパラメータの一つとしてあげられている．最近では長周期地震による影響も話題になっている．これら水平振動が長時間継続するときの人の感覚への影響については，以下が参考になる．

　被験者を水平振動に長時間暴露した実験はいくつか例がある[1)-3)]が，継続時間が長いほどその影響は個人差が大きい傾向にある．

　付図 8.1 に示すように 120 分を超えると，時間経過によって負荷が蓄積され感覚が徐々に強くなる人と，慣れによって徐々に感覚が弱くなる被験者がいることがわかる[1)]．なお，付図 8.1 縦軸の評価値は，「まったく不快でない」から「非常に不快である」までの 9 段階による評価を基に算定されている．

　また，付図 8.2, 8.3[2)]に示すように，感覚評価の種類によってもその影響は異なる．120 分までの間に振動感覚の強さは徐々に弱くなる一方，不快感や振動を耐えられない程度は強くなる傾向を示す．また，船酔い症状の発生頻度は 60 分程度までに徐々に増加し，そのあと減少する傾向にある[3)]との報告もある．

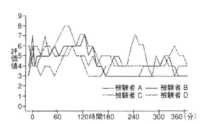

付図 8.1　継続時間と不快度合[1)]

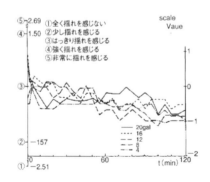

付図 8.2　継続時間と振動感覚の強さ[2)]

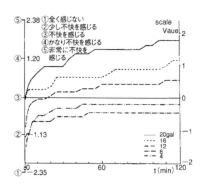

付図 8.3 継続時間と不快感 [2]

参 考 文 献

1) 一力ゆう，石川孝重，野田千津子：高層住宅の居住性をふまえた揺れ感覚に関する調査研究，－その2　揺れに関する満足度合の意識構造－，日本建築学会大会学術講演梗概集(D.環境工学)，pp97-98，1993.9

2) 藤本盛久，大熊武司，天野輝久，田村哲郎，加藤玲子：強風時における高層建築物の居住者の振動感覚に関する基礎的研究，－長周期水平振動の継続時間が振動感覚に及ぼす影響－，日本建築学会大会学術講演梗概集(構造系)，pp.1171-1172，1982.10

3) 後藤剛史，野口憲一，坪井善隆，古川修文：長周期大振幅水平振動の長時間暴露に関する支障実験，その2．時間経緯等にみる船酔い症状の発生，日本建築学会大会学術講演梗概集(D.環境工学)，pp.231-232，1989.10

付 9．水平振動が行動，作業に及ぼす影響

本規準では，「知覚確率」に基づく指針第 2 版 (2004) の性能評価曲線が与えられている加速度振幅の範囲と比較して，より大きい加速度振幅の範囲に及ぶ性能評価レベルを規定している．解説に記載されているとおり，それらの規定は，振動に対する「気になり具合」，「不快」，「不安」といった心理的な反応に関する学術的知見に基づいている．一方，本規準において拡張した加速度振幅の範囲は，人の行動や作業に影響を与え得る振幅も含んでいる．そこで，本規準の検討にあたっては，それらに関連する学術的知見の調査も行ったが，規準の根拠とし得る程度の知見の蓄積があるとは判断できなかった．しかし，今後の規準の改定や，振動評価の参考情報として有益な知見は得られているため，ここでは，それらの一部を紹介する．

付図 9.1 は，低振動数領域(長周期領域)における比較的大振幅の水平振動が，人の行動や作業の難易度に与える影響を検討した研究結果[1-4]をまとめ，本規準で規定した定常的な水平振動に対する性能評価図と比較して示したものである．また，参考として，気象庁による「長周期地震動に関する情報の発表に用いる長周期地震動階級の絶対速度応答スペクトル Sva(減衰定数 5%)の値」を正弦振動の速度振幅の値と仮定し，加速度振幅に変換した値も示している．なお，浮遊式海洋建築物の動揺評価を目的として，低振動数領域の鉛直(ヒーブ)振動および回転(ロール，ピッチ)振動による歩行支障の度合いを検討した研究[5,6]もあるが，ここでは水平振動に対する研究のみを取り上げている．

図より，後藤らの研究[1]で取り上げられている行動や作業への影響は，おおむね評価レベル H-V で現れ始めることが示唆される．ここで，評価レベル H-V は，「あまり不安を感じない」，「あまり不快でない」という説明が与えられているレベルであり，さほど強い心理的な反応が出ていない振幅範囲でも，行動や作業への影響が生じ得るとの解釈ができる．久木らの研究[2]で示されている軽度の作業影響や，大幢らの研究[3]で示されている作業限界は，おおむね「わりと不安を感じる」，「わりと不快である」に相当する評価レベル H-VI に含まれている．長周期地震動発生時の避難行動限界の提案を目的とした高橋らの研究[4]による行動難度に関する結果は，評価レベル H-VI と H-VII の境界を超え，本規準で与える最大の評価レベルに相当する値となっている．

また，図より，0.5Hz～3Hz 程度の振動数範囲において，異なる研究間で，行動や作業に同程度の影響を与えることを表す曲線の傾きがほぼ等しいことがわかる．さらに，その傾きは，心理的反応や知覚から得られた本規準の性能評価図における曲線の傾きとは異なることもわかる．

なお，いずれの研究も実験室内の振動台などの装置を利用して実施されたものであり，さらに加振条件や対象とする行動や作業は限定されているため，今後のさらなる知見の蓄積が望まれる．

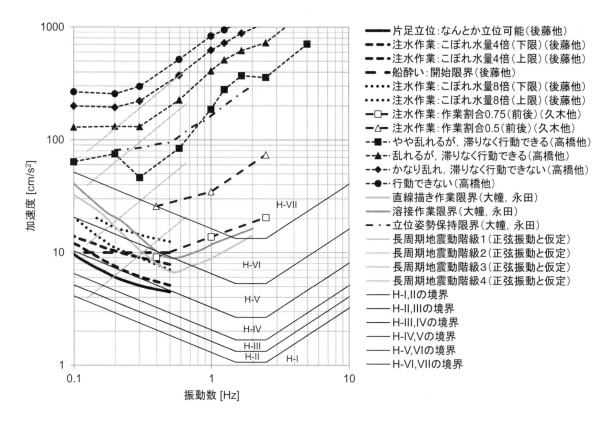

付図 9.1　行動・作業難度に関する既往の研究結果[1)-4)]と本規準の評価レベルとの比較

参 考 文 献

1) 後藤剛史ほか：長周期大振幅複合振動に対する構造物および人体の応答に関する研究，昭和 61 年〜平成元年度科学研究費補助金報告書，1991.3

2) 久木章江，石川孝重，西地文香：水平振動下における各作業の特徴，－環境振動に対する作業難度に関する実験的研究　その 2－，日本建築学会大会学術講演梗概集(環境工学Ⅰ)，pp.433-434，2017.8

3) 大幢勝利，永田久雄：建設工事における風による構造物の揺れと作業性・安全性に関する研究，土木学会論文集，No.651/Ⅵ-47，pp.17-128，2000.6

4) 高橋　徹，貞弘雅晴，斉藤大樹，小豆畑達哉，森田高市，野口和也，箕輪親宏：長周期地震動を考慮した人間の避難行動限界評価曲線の提案，日本建築学会大会学術講演梗概集(B-2.構造Ⅱ)，pp.497-498，2007.8

5) 野口憲一：平常時の歩行支障に関する実験研究，人間の行動性に基づいた浮遊式海洋建築物の動揺評価に関する研究　その 1，日本建築学会計画系論文集，第 456 号，pp.273-282，1994.2

6) 野口憲一：避難時の歩行支障に関する実験研究および動揺評価値の提案，人間の行動性に基づいた浮遊式海洋建築物の動揺評価に関する研究　その 2，日本建築学会計画系論文集，第 479 号，pp.233-242，1996.1

付 10. 感覚評価の回答確率に基づいた性能説明

性能設計において，設計者は，建築主・使用者の要望や意見を十分にヒアリングし，要求される性能項目の選定，重み付けを行い，さらに重要な性能項目について，建築主の要望に応じた目標性能を定める必要がある．振動環境は日々の生活に直接影響する要因であることから，居住性能を確保する上で重要な性能項目の一つといえる．したがって設計者は，振幅や振動数などから，その振動を実際に体感した時の感覚，印象や，生活への影響を的確に把握したうえで，建築主・使用者に対してそれを伝え，双方で合意を得る必要がある．

しかし，評価の基盤となる振動知覚には，個人差やさまざまな環境条件の影響を受けて，上記のようなばらつきが生じるため，一義的なレベルを決定することは難しいが，感覚評価におけるばらつきを用いて性能をグレード付け，説明することが可能である．そこで，設計者が振動数，加速度最大値からその振動に対する感覚評価を把握できるよう，一例として実験結果 [1,2] から得られた振動数，加速度最大値と回答確率との関係を，付図 10.1，10.2 に示すような資料としてまとめてみた．これらの資料は，一つの振動に対して，「振動を感じるか」，「どの程度強く感じるか」，「どの程度大きく感じるか」，「どの程度不安を感じるか」，「どの程度不快か」など，いくつかの観点からの評価を与えることにより，少しでもその振動に対する感覚評価をイメージしやすくしようとするものである．

付図 10.1 は鉛直方向，付図 10.2 は水平方向の正弦振動に関する性能説明のための資料 [2,3] である．縦軸にとった回答確率で性能をグレード付け，横軸にとった加速度最大値と対応させることで設計指標に変換できる．例えばある加速度最大値と「まったく不安を感じない」の曲線とを照合して得られる回答確率が 45% である場合，その大きさの振動に対して 45% の人が「まったく不安を感じない」ことを意味する．したがって，それぞれの環境において実測あるいは予測される振動の振動数と加速度最大値とを照合することで，その振動に対して何パーセントの人がどの程度どのように感じるかを，さまざまな感覚評価の観点から理解することができる．

これらの説明に用いた項目は，設計者などの専門家とユーザーに対するヒアリング [2] から，ユーザーが実感しやすく，設計上に有効な指標となるものを選択している．基にした実験結果は，鉛直振動は立位，水平振動は座位あるいは腰掛け位による左右方向の正弦振動に対する評価である．

付図 10.3，10.4 に示した既往研究 [2,4] における知覚確率曲線に基づいて，何パーセントの人が揺れを感じるということを知覚確率で表現している．

まったく感じないという表現は振動を強く意識してもまったく感じない人にあたる．これにあまり感じないを累積した人数を，あまり感じないまでの人数として示した．

それ以外のとても小さい，まったく不安を感じない，まったく不快でないと表現する人数は，ほぼ同程度である．鉛直振動では，とても弱いと感じる人の割合もほぼ等しい．これらは心理的な判断要素がより強い表現であり，加速度が比較的大きい範囲にも当てはまる人がいて個人差が大きい．そのため，これらの項目だけで設計指標を導くことは難しい場合もあり，居住性能レベルをより具体的に説明するための項目として用いるのが適切であろう．

同じように付図 10.5 は，道路交通により発生する振動に対する感覚評価を検討した文献

5)の結果に基づいて，鉛直方向の振動レベル(Lv)を横軸にとり，各振動レベルにおいて，どの程度の人が揺れを感じるかを示したものである．被験者の姿勢による評価の違いも併せて示している．

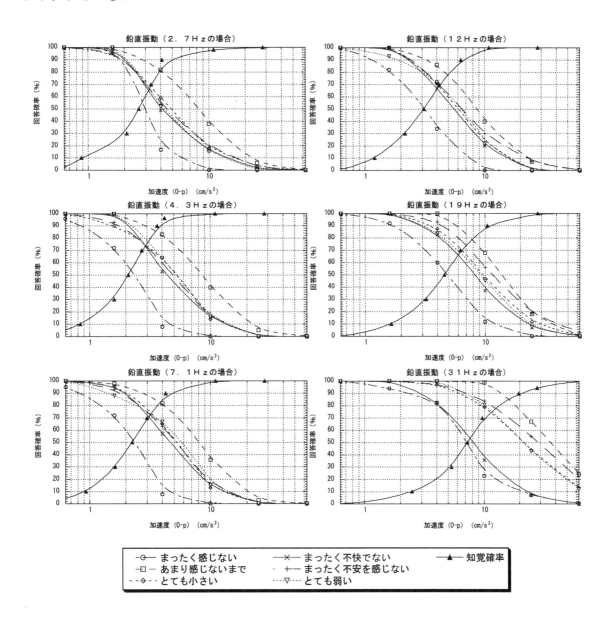

付図10.1　鉛直振動に対する感覚評価に基づいた性能説明

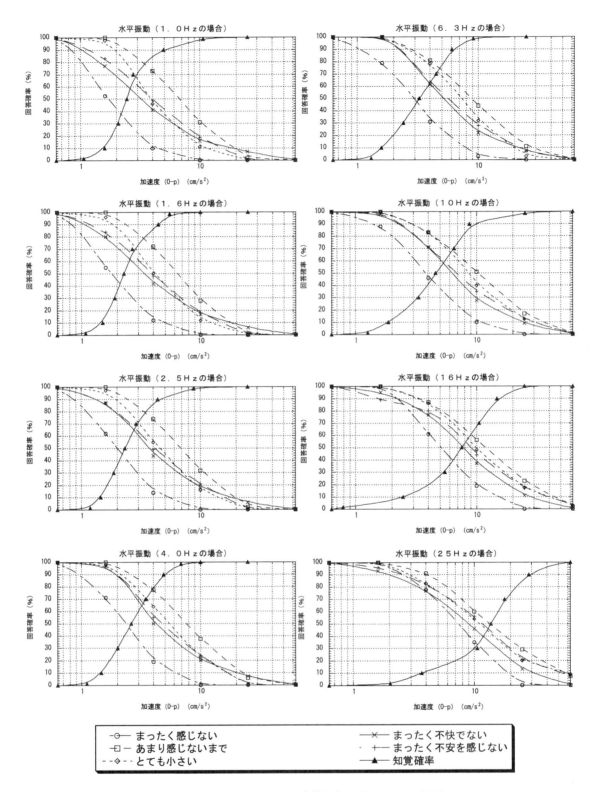

付図 10.2　水平振動に対する感覚評価に基づいた性能説明

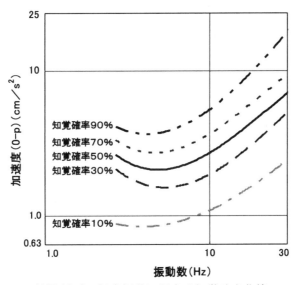

付図 10.3　鉛直振動に対する知覚確率曲線

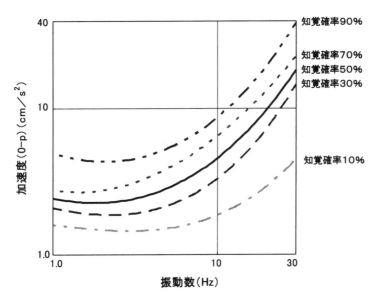

付図 10.4　水平振動の体感による知覚確率曲線

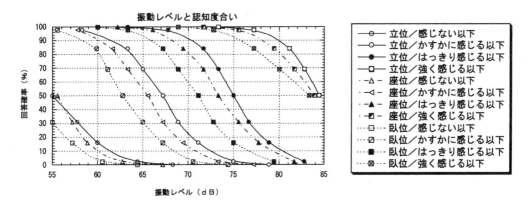

付図 10.5　鉛直方向の振動レベルと感覚評価との関係に基づいた性能説明

参 考 文 献

1) 野田千津子, 石川孝重 : 水平振動を受ける被験者の状況が知覚閾に及ぼす影響, 日本建築学会計画系論文集, 第524号, pp.9-14, 1999.10

2) 石川孝重, 野田千津子ほか : 水平振動に対する居住性能評価曲線とその説明資料の提示, ーその1ー〜ーその3ー, 日本建築学会大会学術講演梗概集(D-1.環境工学Ⅰ), pp.299-304, 2003.9

3) 野田千津子, 石川孝重 : 知覚確率と心理評価に基づいた環境振動に対する性能評価とその説明資料, 日本建築学会関東支部研究報告集Ⅰ, 74, pp.691-694, 2004.3

4) 石川孝重, 野田千津子 : 知覚確率に基づいた床スラブの鉛直振動に対する居住性能評価, 構造工学論文集, Vol.50B, 2004.3

5) 横山 裕, 天野豊章 : 道路交通振動の感覚上の大きさを表示する物理量の設定, 日本建築学会構造系論文集, 第563号, pp.37-44, 2003.1

付 11. 実建築物の風振動に対する本規準の適用事例

水平振動に対する感覚(揺れている感覚や揺れによる不快感など)は，定常的な振動であれば本規準の図 3 に，非定常的な振動であれば図 5 に照らし合わせれば評価することができる．ただし，どのような振動源(歩行・交通・風など)により，どのような外力状態(一人歩行，再現期間 1 年など)で発生した振動に対する振動感覚なのか，というような条件はない．あくまでも，予測あるいは測定などにより得られた評価したい振動が，どのような感覚で捉えられるかを示すものである．この点が，振動源別に設定した外力条件に対する振動感覚程度を示していた，指針第 2 版(2004)と大きく異なる点である．

本付録は，指針第 2 版(2004)の解説や付録で示されている，実建築物での風揺れ評価のための応答値を本評価規準の定常的な水平振動の性能評価図にプロットした場合，どのような評価レベルになるかを参考として示すものである．そのため，プロットした実建物の応答値や卓越振動数は指針第 2 版(2004)で示されている，次の 2 つの方法で算定した値と同一である．

　　　方法 1：実測値に基づいた建築物の構造特性を適用した応答値による評価
　　　方法 2：風および応答の観測値に基づいて，再現期間 1 年相当の応答値を予測評価

　各方法の詳細と評価例を以下に示す．

(1) 方法 1：実測値に基づいた建築物の構造特性を適用した応答値による評価

応答値は既存建築物の再現期間 1 年の最大応答加速度について，本会「建築物荷重指針・同解説」(2004)[1]により風方向および風直交方向応答として算定している．このとき，建築物の構造特性としての固有振動数および減衰比は，原則として実測値を用いている．

この応答値を固有振動数別に性能評価図にプロットしている．なお，解析は構造軸 2 方向について行っているが，同一建物で同一振動数の場合は，大きい方の応答加速度のみとしている．

応答値の解析にあたり，以下に示すような条件に基づいている．

(a) 算定に用いた建築物は，軽量鉄骨系 3 階住宅および木質系 2 階住宅を除き，本会「建築物の減衰」[2]から平面形状がほぼ長方形をしているものを選出した．また，軽量鉄骨系の形状は複数個の長方形平面を有する実建物，木質系は平面 6m×10m，高さ 7.4m を想定した．

(b) 固有振動数，減衰比はすべて本会「建築物の減衰」[2]に記載されている観測値を用いた．ただし，減衰比が複数提示されているものは振幅の小さい方を採用した．なお，軽量鉄骨系の減衰比は実建物の値(2.2〜4%)，木質系は一律 3%とした．

(c) 建物質量は，鉄骨造は 200kg/m³，RC，SRC 造は 350kg/m³，軽量鉄骨系 3 階住宅は 100kg/m³(積載荷重 60kg/㎥)とした．木質系 2 階住宅に関しては，建物重量のばらつきが大きいため，軽量な 40 kg/m³ から重量な 80 kg/m³ を対象とし，さらに積載荷重としての 60 kg/m³ を考慮し，40 kg/m³ から 20 kg/m³ 間隔の 140 kg/m³ までを対象とした．なお，木質系 2 階住宅の評価例は，固定荷重 80 kg/m³ と固定＋積載荷重 140 kg/m³ の場合を代表例として示している．

(d) 再現期間1年の風速は,「建築物荷重指針・同解説」(2004)[1]より,建設地に応じた基本風速を用い,地表面粗度区分Ⅲとして算定した.
(e) 最大応答加速度は「建築物荷重指針・同解説」(2004)[1]にしたがって算定した.

既往の既往の建築物の全評価例を付図11.1に,建築物の構造・用途別に分類した評価例を付図11.2に示す.

付図11.1に示す感覚評価は,再現期間1年の風が吹いた時の応答に対するものであるが,建築物の大部分があまり不快でない評価レベルH-Ⅴ以下に収まっていることがわかる.

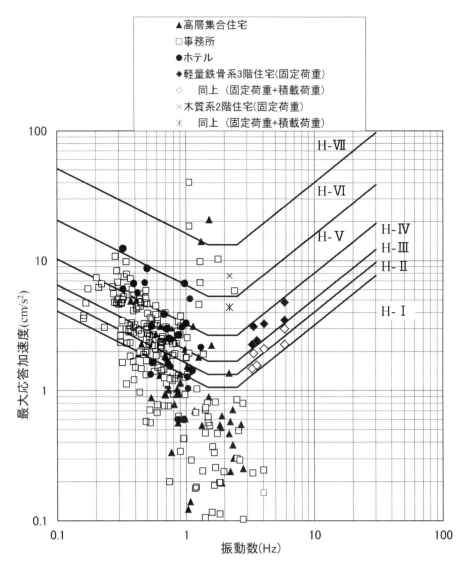

付図11.1 既往の建築物の評価例(再現期間1年風速での建物応答時)

付11. 実建築物の風振動に対する本規準の適用事例 ―95―

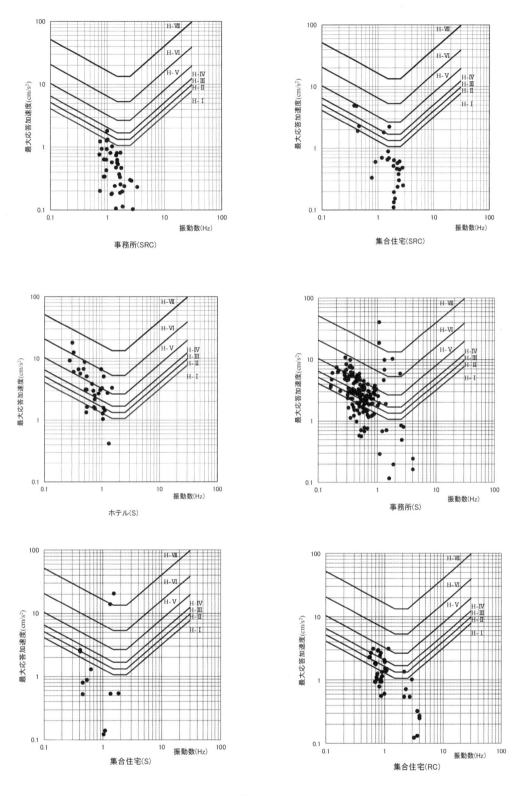

付図11.2 建築物の構造・用途別の評価例

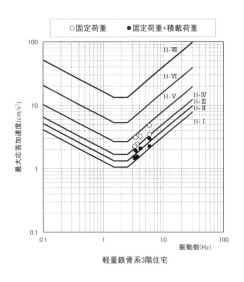
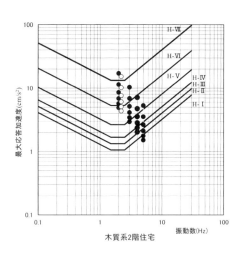

付図 11.2　建築物の構造・用途別の評価例（続き）

(2) 方法 2：風および応答の観測値に基づいて，再現期間 1 年相当の応答値を予測評価
　以下に示すように観測結果に基づいた応答予測値[3]の結果を利用している．
(a) 固有振動数，減衰比および，建物質量はすべて論文に記載されている実測値を適用した．
(b) 再現期間 1 年の風速は，建設地の最寄の気象台の値および周辺状況から判断した地表面粗度区分にしたがって算定した．
(c) 最大応答値は観測結果から得た応答曲線(風速－加速度)より読み取った．

　付図 11.3 に示す評価例は，文献 3)に示されている図のプロット値(方法 2 での評価値)を事務所・ホテル(○)，管制塔(●)，その他タワー(■)に 3 分類とし，本評価規準の性能評価図にプロットしたものである．

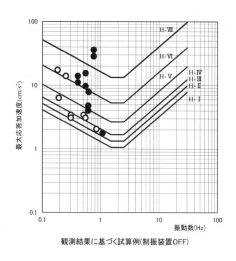 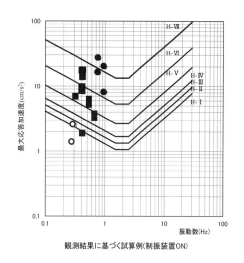

付図 11.3　観測結果に基づく試算例

参 考 文 献

1) 日本建築学会：建築物荷重指針・同解説，2004
2) 日本建築学会：建築物の減衰，2000
3) 中村　修，丸川比佐夫，宮下康一，百村幸男，大熊武司：観測結果からみた既存建物の風による応答特性，日本風工学会誌，第 73 号，pp.35-43，1997.10

日本建築学会環境基準
AIJES-V0001-2018
建築物の振動に関する居住性能評価規準・同解説

1991年 4 月20日　第 1 版第 1 刷
2004年 5 月 1 日　第 2 版第 1 刷
2018年11月10日　第 3 版第 1 刷

編　集
著作人　一般社団法人　日本建築学会

印刷所　昭和情報プロセス株式会社

発行所　一般社団法人　日本建築学会
108-8414　東京都港区芝 5 − 26 − 20
電　話・（03）3456−2051
ＦＡＸ・（03）3456−2058
http://www.aij.or.jp/

発売所　丸善出版株式会社
101-0051　東京都千代田区神田神保町 2-17
神田神保町ビル
電　話・（03）3512−3256

Ⓒ 日本建築学会 2018

ISBN978-4-8189-3632-4　C3352